グルテンフリーの
ひと皿ごはん

たかせさと美

小麦粉と白砂糖をやめると、体はみるみるラクになる

すみれ書房

横になりたい…
←DRINK
MENU
料理の仕事をしているのに
家族にごはんを作れない…

はじめに　――ゆるく長く続ける「ひと皿」――

とにかく横になりたかった

15年ほど前、私はいつも疲れていました。3歳の娘の子育てと、シェフとしてのハードな仕事を両立していた時期です。忙しいのに頭はぼんやりして、要領よくこなせない。肩こり、腰痛、肌荒れ、便秘、情緒不安定……と体は不調の宝庫。そんな私を変えたのは、グルテンフリーと白砂糖カットの食生活でした。グルテンフリーを始めて1カ月で、便秘が改善しました。2、3カ月で頭がすっきりして、物事を落ち着いて考えて判断できるようになります。「やることリスト」を作って必死にこなしていたタスクが、リストを作るまでもなくサッと終わるようになりました。

半年経つころには、体重が減って体が軽くなり、憂鬱《ゆううつ》や不安、イライラなど心の不調がなくなりました。

手荒れ、肩こり、腰痛など体の症状が消えたのは1年後くらいだったと思います。

体はゆっくりと変わっていったのです。
この経験から、**グルテンフリーはゆるく長く**が大切だと思うようになりました。「ひと口も食べない！」とストイックに取り組むより、時々食べてもいいので、少しでも長く続けるほうが効果があると実感しています。
ゆるく長く続けるために開発した、「ひと皿ごはん」のレシピが本書になります。

体は食べ物で変わる

今振り返ると、当時はかなり具合が悪かったのですが、症状はすべて「未病」と呼ばれる病気の一歩手前のものでしたし、じわじわと体調が悪くなったので、不調を軽んじていました。

読者のみなさんも、

「いつも疲れている（でも病院に行くほどではない）」

「肩こりがひどい（マッサージ屋さんに駆け込んで一瞬乗り切る）」

「コンビニごはんが多く野菜不足（買い物に行く時間も料理する時間もない）」

と、疲れた体を放っておいているのではないでしょうか。

よくわかります、その気持ち。改善に踏み切る余裕すらないのですよね。

でも不調は蓄積していき、いつか限界がきます。

自身の不調経験から、グルテン、白砂糖、カゼイン、食品添加物による影響に興味を持ち、薬膳、漢方から、メディカルハーブ、アーユルヴェーダまで勉強してわかったことは、

体は食べたもので作られている

という、とてもシンプルなことでした。

食生活を変えると体は変わります。

ゆっくりですが、確実に変わっていきます。

今、せっかくこの本に出合ってくださったのですから、ほんの少し自分の体に目を向けて、「自分を大切にする食生活」を始めてみませんか。

多くの方は、不調に「慣れて」しまっています。不調が消えてはじめて、「つらかったんだな」と気づくはずですし、「自分を大切にする食生活」という意味をわかっていただけると思います。

「疲れる食べ物」をやめてみる

グルテンフリーの効果は個人差があります。白砂糖カット、添加物カットのほうが体がラクになったという方も多いようです。

そこで本書では、グルテンフリーとあわせて、白砂糖や化学調味料を使わないレシピをご紹介します。

一品だけ
がんばって
作るか〜
ノロノロ
いつのまにか
3品できてた!
!!

疲れきっているとき、何かを足すより、食品添加物が入っている食品、調味料をやめるほうが、すっと体の重だるさがとれることがあります。「体が軽くなって、脳がすっきりする」という気持ちよさを、ぜひ体験していただきたいと思います。

「めんどうくさい」ときに10分手を動かしてみる

不調を抱えていなくても、「今日は疲れたなあ」「めんどうくさいなあ」というとき、料理を作る気はおきません。

でも実はそんなときに、「一品だけでいいか」と、気負わず手を動かし始めると、なんだか気持ちが整って、おいしいごはんができあがるということがよくあります。

この本では、「一品だけでも作ってみようか」と料理を始められるように、そして、グルテンフリーの食生活を長くゆるく続けられるように、身近な材料で簡単にできて、食べたら元気になる料理を紹介していきます。

簡単だから続けられて、続けていくと体がラクになる。

そんな流れが生みだせたら、一品「**で**」いい、ではなくて、一品「**が**」いいという大事な料理になるはずです。

グルテンフリーのやり方

小麦粉に含まれているグルテンは、もちもちとした物質でパンやうどんのおいしい食感のもとですが、栄養素の消化吸収を妨げる原因となる場合があります。

グルテンフリーの効果は個々の体質によりますが、私のような未病と呼ばれる不調（肌荒れ、便秘や下痢、疲れやすさ）には一定の効果があると感じています。

【やり方】 小麦粉で作られた次のようなものを断ちます。

・ラーメン、パスタ、うどん、ピザ、パンなどの主食
・ケーキ、クッキー、スナック菓子など小麦粉を使ったお菓子
・麩（グルテンそのもの！）　・フライ、天ぷらなど小麦粉を使った衣がついた料理
・ビール　・カレーやシチューのルーや、グラタンなどのホワイトソース

【主食】 グルテンが含まれない炭水化物を主食とします。

・白米、玄米　・米粉、片栗粉
・米めん（フォー、ビーフン、ブン）、そば　・いも類

ポイント❶　最低2週間は続けてみる。

グルテンフリーの効果が出るまで2週間かかると言われています。

ポイント❷　外食する場合は和定食やアジア料理、焼き肉などを選ぶ。

ストレスなくグルテンフリーを貫けます。

ポイント❸　代替品に注意。

小麦ふうの味わいを謳った代替品には、保存料や添加物が多く含まれることがあります。

ポイント❹　記録をつける。

食べたものと肌、便、体調との関連性を把握することで、より意味のあるグルテンフリー生活が送れます。手帳やスマホのメモ機能、インスタグラムなど、やりやすい方法で。

ポイント❺　おいしい代用品を準備。

グルテンには常習性があり、無性に「パンが食べたい！」と発作が起こることがあります。１００ページのチヂミ、１０８ページのフォカッチャなどで対応してください。

厳しすぎると
ストレスがたまるので
ゆるく長くを合言葉に

白砂糖カットのやり方

イライラや体のだるさには血糖値の乱高下が影響しているため、ふだんから白砂糖をたくさんとっている人は、たった1日やめるだけで重だるさが抜けます。また、肌荒れ、湿疹にも白砂糖が関係していると言われています。皮膚のかゆみが減った、という感想をよく聞きます。

【やり方】白砂糖、グラニュー糖、三温糖が入っている次のような食品を、3日間だけ完全にやめてみます。きび砂糖や黒糖も避けましょう。

・チョコレートやクッキーなどのお菓子　・パン
・ジュース、カフェオレ、炭酸飲料などの飲み物　・白砂糖を使った料理

ポイント❶　最低3日続ける。

1日でも体の変化を感じられますが、3日間続けると効果を実感しやすいようです。

ポイント❷　体にやさしい甘みを使う。

甘みづけには、てんさい糖、はちみつ、みりんを使いましょう。米こうじ甘酒もおすすめです。

ポイント❸　おやつを準備しておきましょう。

果物、焼きいも、ナッツなどを用意しておくと、「甘いものが食べたい!」という発作を乗り越えられます。

「食後感」に注目してみてください

「食べ疲れない」というのが私の口ぐせだと指摘されました（笑）。
たしかによく言いますし、この本の頻出ワードでもあります。このことからもわかるように、「食べたあと疲れない、胃腸の負担が少ない」ということをとても大切にしています。

ごはんを食べて、おなかいっぱいになって、1時間くらい眠くなるというとき、血糖値は急上昇&急下降しています。血糖値が乱高下すると体に負担がかかりますので、なるべく安定させるのが慢性疲労からの抜け道です。

日々疲れやすい、体が重いと感じている方は、食後の体の状態に注目してみてください。「何を食べたら体が重くなるのか」「何を食べなかったら食べたあとすぐ動けるのか」を知ることが、不調から抜け出す近道です。

調味料はだいじ ——「疲れない調味料」を使う——

「体を疲れさせる調味料」を使わないことが大切です。添加物の多い調味料や食品をとると、体が重だるくなり、心もやる気を奪われたようなぼーっとした状態になります。内臓が添加物を解毒しようとしているからです。

このページでは、選ぶときのポイントと手に入りやすいおすすめ品をご紹介します。手間をかけずに体にいい食事を続けるために、ぜひ「疲れない調味料」を使ってください！

◎塩

［選ぶときのポイント］

・天然塩でなめてみておいしいと思えるもの
・塩化ナトリウム99.5%以上の精製塩を避ける

◎しょうゆ

［選ぶときのポイント］

・原材料は大豆、小麦、塩のみ
・添加物（保存料、着色料）が入っていない
・だしが入っていない
・天然醸造のもの

◎みりん

［ 選ぶときのポイント ］

・米こうじで作られている本みりん

◎みそ

［ 選ぶときのポイント ］

・無添加
・材料が大豆、塩、こうじのみ
・だし入りは避ける
（本物のだしではなく、〇〇エキスといった添加物が多いものが含まれていることがある）

◎酢

［ 選ぶときのポイント ］

・原材料が米のみのもの
・添加物が入っていないもの

◎酒

［ 選ぶときのポイント ］

・純米酒（米だけで作られる酒）
・添加物が入っていないもの
・料理酒は避ける

◎油

［ 選ぶときのポイント ］

・太白ごま油
・オリーブオイル
・ココナッツオイル
・なるべくサラダ油を避ける

◎砂糖

［ 選ぶときのポイント ］

・てんさい糖
・白砂糖や三温糖は避ける

グルテンフリーのひと皿ごはん　もくじ

1章 鍋とスープ

2章 めん

3章 ごはんもの

4章 粉もの

5章　おまけのおやつ

＊本書の計量単位……大さじ1杯は15㎖、小さじ1杯は5㎖です。

＊レシピを倍にするときの注意点……塩、しょうゆ、みそなどの塩分調味料をそのまま倍にすると味が濃くなりすぎてしまう場合があります。まず元のレシピの1・5倍を入れて味見して、足らなければ残りの0・5倍の量を入れるという段階を踏んでください。

＊火加減……特に表記がない場合は中火です。

撮影　公文美和
スタイリング　久保百合子
デザイン　石松あや（しまりすデザインセンター）
イラスト　武者小路晶子
校正　円水社
うつわ協力　UTUWA（tel 03-6447-0070）
編集協力　おおいしれいこ
編集　飛田じゅん子

1章

鍋とスープ

大鍋にたっぷりスープを作っておけば、
ごはんと食べたり、焼きもちを入れたり、
春雨やフォーを追加したりと、
グルテンフリー生活がぐっとラクになります。

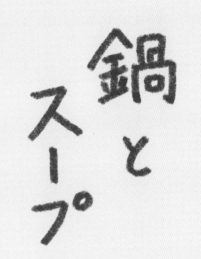

汁物はいつも味方

疲れすぎて、料理ができない。

気持ちが落ち込んで、元気が出ない。

体も心も地べたにひっついていて、考えをまとめることすらできない。

だれでも、そんなときがあります。

ギリギリの状態のときに、あたたかいスープを飲むと、少し元気になります。

内臓があたたまり、心がふわーっとリラックス。体のこわばりが取れて、深い呼吸ができます。汁物はどんなときも、忙しい私たちの味方でいてくれます。

疲労がひどいときにおすすめしたいのは、６時間ほど絶食して内臓を休ませたあと、あたたかいスープをゆっくり飲むこと。このとき炭水化物は食べず、スープの具も野菜中心のものにします。スープを飲んだあとは、体をあたためて早めに眠りましょう。翌日、体が軽くなり、頭も冴えているはずです。


グルテンフリー生活においても、鍋とスープは最高です。

野菜とたんぱく質をたっぷり入れることができます。煮るだけですので、調理が簡単です。

そして、すぐに体があたたまる。

あたたかい汁物に炊き立てごはんがあれば、ほかにおかずを用意しなくても、自分を元気にする最高の食事になります。

本の最初の章ではまず、あたたかい鍋とスープのひと皿メニューをご紹介します。

白いごはん（＊）と組み合わせることを前提としていますが、焼いたもちやフォーやブンなどの米めんとよく合うレシピもあります。

米はビタミンバランスがよくて、胃腸に負担をかけません。

糖質制限が流行っていますが、良質な炭水化物は体を動かすエネルギーになりますので、忙しい人ほどきちんとごはんを食べましょう。

＊白米による血糖値の乱高下が気になる方は、雑穀・発芽玄米を取り入れてください。
ただし、消化負担が大きくなるので、疲労がひどいときは白米を食べましょう。

疲れたときはとにかく
「あたためる」。

豆もやしをたっぷり食べる鍋

体内の水分調整をしてくれる豆もやしがポイント。
牛肉は脂が少ない赤身がこの鍋によく合います。

材料（2～3人分）

牛こまぎれ肉（赤身）…300g
豆もやし…1袋
エリンギ…1パック
小ねぎ…1束
昆布…5㎝×3㎝
水…700mℓ
しょうゆ…大さじ3
みりん…大さじ2
塩…小さじ1/2

1 エリンギを縦に割く。（写真a）
小ねぎを5㎝幅に切る。牛肉にしょうゆをかけてなじませておく。
2 鍋に分量の水、昆布、エリンギを入れて沸騰させ、中火で2分煮る。
3 みりんと塩を入れ、全体を混ぜる。
4 豆もやし、牛肉（しょうゆごと入れる）、小ねぎを順に重ねる。中火のまま、アクをとりながら3分煮たらできあがり。

a

エリンギは縦に割くことで、食感が残り食べごたえが出ます。

牛肉豆もやし鍋

鍋の〆には、春雨やフォーがおすすめ。
炊き立てごはんと食べるのも、もちろんおいしいです！

豚汁ならぬ鶏《とり》汁《じる》

寒い日に冬野菜をたっぷり入れて作れば、満足感のあるメインおかずになります。

材料（4人分）

鶏手羽先…8本
長ねぎ…1本
白菜…1/4個
干ししいたけ（スライス）…6g
昆布…5cm × 3cm
水…1ℓ
みそ…大さじ4

＊冬野菜ならなんでも合います。
大根、ごぼう、かぶなどがおすすめです。

1 干ししいたけと昆布を分量の水で戻す。やわらかくなった昆布をはさみで1cm幅に切る。長ねぎを4cm幅の筒切りにする。白菜は4cm幅に切る。
2 深めのフライパンで手羽先と長ねぎを焼き、しっかり焼き目をつける。
3 2に戻し汁（干ししいたけと昆布は取り出しておく）を入れて、強火にかける。煮立ったら中火にしてアクをとる（アクをとりきるのが大切）。昆布と干ししいたけを加え、フタをして中火で10分煮る。
4 白菜を加え、3分煮る。
5 火を止め、みそを溶き入れる。

太陽パワー
（ビタミンD）が
気分を
上げてくれる♪

干ししいたけは、日照時間の少ない冬や気持ちが落ち込んだときに、心を明るくしてくれる食材です。

＊お好みで自家製ラー油をかけましょう。
味に深みが出るので、ごはんが進みます。
←レシピは、左ページに

鶏《とり》汁《じる》

【自家製ラー油】

材料：太白ごま油100mℓ、ニンニク2片、粉とうがらし（キムチ用）大さじ3、
白いりごま大さじ1、塩2つまみ

①小鍋に太白ごま油とつぶしたニンニクを入れ弱火で煮立たせる。②ボウルに粉とうがらし、白いりごま、塩を入れ、①を注ぐ。③粗熱がとれたら、ビンなどで保存する。（83ページと90ページにも自家製ラー油を使うレシピがあります）

ひき肉、干しえび、野菜 3つのうま味の幸福感！

うま味の層が厚く、満たされた気持ちになるスープです。
個人的にはブロッコリーはかたいほうが好みですが、
今回はやわらかく煮て甘さを引き出します。

材料（4人分）

ブロッコリー…1個（450g程度）
豚ひき肉…300g
玉ねぎ…1個
しょうが…1片
干しえび…大さじ1
水…1ℓ
しょうゆ…大さじ1
米粉…大さじ1
塩…小さじ1

1 ブロッコリーは2cm角、玉ねぎは1cm角に切る。しょうがは粗めのみじん切りにする。
2 深めのフライパンに豚ひき肉と塩を振り入れ、あまりいじらずに強火で片面に焼き色をつける。
3 干しえび、しょうが、玉ねぎを加え、玉ねぎがすき通るまで中火で炒める。
4 米粉を振り入れ、全体になじませるように炒めたら、しょうゆと分量の水を入れて煮立たせる。アクが出てきたら取り除く。
5 ブロッコリーを入れ、中火で3分煮る。

干しえびは桜えびではなく中華用のコロコロしたものを使います。

ブロッコリー中華とろとろスープ

Memo

多めに仕込んで翌日の朝ごはんに。焼きもちにかけたり、あんかけ丼にしてもおいしい。

あんかけにするときは、米粉の分量を大さじ1.5にしてください。

参《サム》鶏《ゲ》湯《タン》風雑炊

お手元に薬膳食材(高麗人参、クコの実、なつめ等)があったら入れてください。
秋は、栗もおすすめです。

夏バテにも、冬の冷えにも効く

参鶏湯は冬のイメージがありますが、夏の暑さに疲弊したときに食べると、芯から元気になれます。

材料（4人分）

鶏手羽中…500g
ごぼう…200g
米…1カップ
長ねぎ…1本
玉ねぎ…1個
ニンニク…2片
しょうが…1片
干ししいたけ（スライス）…4g
昆布…5㎝×6㎝
黒こしょう（ホール）…10粒
（なければ挽いてあるものでOK）
クコの実（なければ省略可）…大さじ1
塩…小さじ1
水…1.5ℓ

1 ごぼうはななめ薄切り、長ねぎは5㎝幅の筒切り、しょうがは千切りにする。玉ねぎは芯を残して十字に4等分にする。ニンニクは半分に切り芽をとる。
2 鍋に分量の水と手羽中を入れ、煮立たせてアクをとる。
3 ごぼう、玉ねぎ、長ねぎ、しょうが、ニンニク、干ししいたけ、昆布、黒こしょうを加え、煮立ったらアクをとる。
4 米を洗わず加え、弱めの中火で25分煮る（フタはせず、時々鍋底をさらう）。
5 塩とクコの実を加え、弱火で5分煮る。
6 味見して、塩分が足りないときは塩（分量外）を加える。

黒こしょうは胃腸を整えてくれます。粒のまま入れていっしょに煮込むことで肉の臭みを消す効果も。ガリっとかんで食べてみて。

梅の酸味が疲れた体にしみわたる

胃腸にやさしい「回復の鍋」。
病み上がりには、大根おろしとスープだけ飲みましょう。
体が芯からあたたまり、じんわり力が出てきます。

材料（４人分）

鶏むね肉…２枚（700g程度）
大根…1/2本（600g程度）
しめじ…1パック
なめこ…1袋
大葉…２束（20枚程度）
すだち…２個
梅干し…中４個（40g程度）
昆布…5cm×2cm
水…700mℓ
塩こうじ…大さじ2
しょうゆ…大さじ1.5

1 鶏むね肉は繊維を断ち切る方向に1cm幅のそぎ切りにし、塩こうじをなじませる。
2 大根をおろす。ハンドブレンダーを使う場合は大根をざく切りし、水200mℓ（分量外）を加える。（写真a）
しめじは2cm幅に切ってほぐす。
3 鍋に分量の水、梅干し（少し皮を破って、種ごと）、昆布を入れて中火にかける。
4 沸騰したら、しめじ、なめこ、鶏むね肉を順番に入れ、フタをして中火で5分煮る。
5 2の大根おろしとしょうゆを入れ、中火でさらに3分煮る。アクが出たら取り除く。
6 ちぎった大葉とすだちを添えていただく。

a

大根を手でおろすのが面倒なときは、ハンドブレンダーなどを使ってラクしましょう。

みぞれ梅鍋

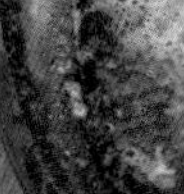

物足りなく感じたら、厚揚げを入れてボリュームアップ。油分があるので満足感がでます。

アンチョビペーストが隠し味。洋風のクリーム鍋

発酵調味料のアンチョビ、カリウム豊富のじゃがいもで、体をあたため、むくみをとってくれる鍋です。

材料（4人分）

甘塩たら（切り身）…4枚
じゃがいも…大3個
長ねぎ…2本
ニンニク…1片
アンチョビペースト…小さじ1
ローリエ（なければ省略可）…1枚
水…350mℓ
豆乳（牛乳でも可）…300mℓ
オリーブオイル…大さじ1
塩…小さじ1.5

1 じゃがいもの皮をむき、4等分に切る。ニンニクは半分に切り、芽を取り、つぶす。長ねぎは3cm幅に切る。
2 鍋にオリーブオイルとニンニクを入れ、中火にかけて香りを出し、長ねぎを加えて焼き色をつける。アンチョビペーストを入れて炒める。
3 長ねぎを端によせて、たらを両面焼き、たらだけいったん取り出しておく。
4 分量の水、ローリエ、じゃがいもを入れ、中火で15分煮る。
5 豆乳と塩を入れ、3のたらを戻して3分煮る。味見して足りないときは塩（分量外）を加える。

具を大きいまま入れたダイナミックな鍋です。そのまま取り分け、箸でくずしながら食べます。

たらじゃが鍋

【アンチョビペースト】

余らせがちなアンチョビペーストですが、ブロッコリーや鶏肉をニンニクといっしょに炒めるときなどに、ほんの少し足すと本格味に！
(74ページや95ページにもアンチョビを使うレシピを紹介しています)

魚を手軽に食べられる！

タイはおなかをあたためてくれる魚です。顔色が白っぽく疲れやすい人に特におすすめで、生より加熱したほうがよいので、しゃぶしゃぶはぴったりです。

材料（2〜3人分）

タイ（天然）…300g
かいわれ大根…3パック
（スプラウトなどでもよい）
小ねぎ…1束
ごぼう…1/2本
国産レモン（かぼす、すだちなど旬の柑橘）…1個
乾燥わかめ…20g
（生わかめがある季節は生を使ってください）
水…1ℓ
しょうゆ…大さじ1
塩…小さじ1

1 かいわれ大根の根を切る。ごぼうはななめ薄切りに、小ねぎは5㎝幅、タイは薄くそぎ切りにする。
2 レモンを4等分し、種を取り除く。
3 鍋に分量の水、乾燥わかめ、ごぼうを入れ強火にかけ、沸騰したら中火で5分煮る。
4 アクをとり、しょうゆ、塩を入れる。
5 小ねぎ、タイ、かいわれ大根をしゃぶしゃぶして、さっと火を通す。
6 うつわに盛り、レモンをしぼる。

旬の柑橘をしぼっていただきます。

タイしゃぶ

手軽に魚が食べられるレシピです。旬の魚は天然ものが多く栄養価も高いので、春はタイ、夏はイサキやアジ、秋は鮭、冬はブリなど季節の魚をしゃぶしゃぶしてみてください。

ひと手間加えてうまい品！

じゃがいもチーズやじゃこピーマンチーズなど、プレート上で少しアレンジするのが我が家の定番です。

番外編 なんでも焼きしゃぶ

ホットプレート（ガスコンロにフライパンでもＯＫ）を出して、牛肉と野菜を焼くだけ。料理とも言えない料理ですが、グルテンフリー生活の味方になってくれます。

自家製ポン酢を作って、大根おろしや刻みねぎなどの薬味と味わってください。炊き立てごはんを添えれば、大ごちそうです！

［自家製ポン酢］

柑橘の果汁
（ゆず、かぼす、国産レモンなど）…100mℓ
刻んだ柑橘の皮…½個分程度
昆布…3cm×5cm
しょうゆ…200mℓ
米酢…200mℓ

＊材料を保存容器に入れるだけで完成。
冷蔵保存で約1カ月もちます。

材料　旬の野菜ならなんでも焼いてＯＫです。冬は白菜、春は新玉ねぎ、夏はなすやゴーヤ、秋はきのこ類をどうぞ。野菜の甘みに驚くはずです。牛肉は赤身がおすすめです。みそをつけてもおいしいですよ。

コラム①

だしは取り出さず、そのまま食べる

私は、料理の「うま味」が大好きで、レシピを考えるときは「だし」と「うま味の層」を意識しています。うま味は幸福感と関係がある気がしますし、だしが利いていれば薄味でも満足できます。

本書で使うだしは、干ししいたけ（スライス）、にぼし、昆布、かつおぶしだけ。事前にだし汁を作りおくことはせず、具材として料理に入れて、取り出さずそのまま食べます。

肉や魚はもちろん、野菜からもいいだしが出ます。市販のめんつゆや顆粒だしを使わなくても、おいしいスープや汁めんができますので、上記の４つだけは常備しておくと便利です。

38ページのたまごとじそばのプロセスです。昆布も干ししいたけも具として食べます。

2章 めん

グルテンフリー生活で困るのがランチメニュー
という話をよく伺います。
パスタやラーメン、うどんがNGなので
選択肢が限られてしまいますよね。
この章では、小麦粉を使わない米めんや
そばのレシピを紹介します。

パスタ、うどん、ラーメンなしでも大丈夫

めんの選び方と調理のポイントをご紹介します。フォーやビーフンの扱いには、ちょっとしたコツが必要ですが、何度か調理してみて特性がわかると簡単です。

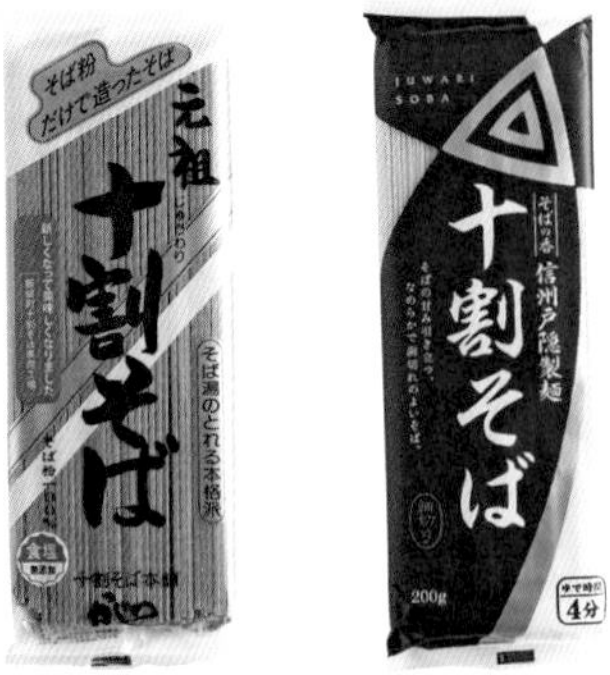

◎そば

十割そばを選びましょう。二八そばは、二割が小麦粉ですし、安価なそばは、ほとんどが小麦粉で作られていると考えたほうがいいでしょう。外食時もご注意を。全商品が十割そばの場合をのぞいて、そば湯にも小麦が含まれています。

調理のポイント

十割そばは、のびやすいので、水でしっかりしめることが大切。あたたかいそばも水でしめてからつゆをかけること。冬場はつゆをかける前に一瞬湯通しすると熱々でいただけます。

水でしめる！！

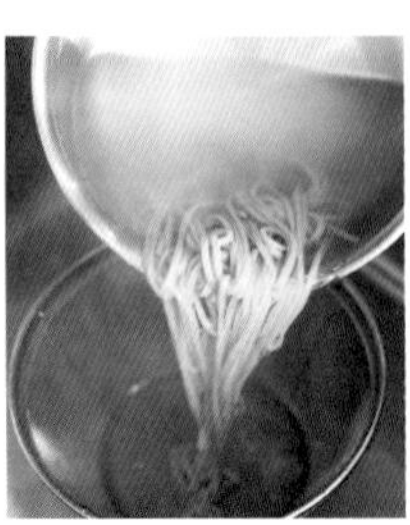

ザルでお湯を切ってから水をためたボウルにつけ、流水で洗うように流す。

◎フォー

表示を見てなるべく漂白剤を使っていないものを選びましょう。煮ても焼いてもおいしいフォーは活用しやすい食材。めんの幅がありソースが絡みやすいのですが、米粉が原料なので、小麦粉のパスタよりは、あっさりしてしまいます。味つけのバランスを気にかけましょう。

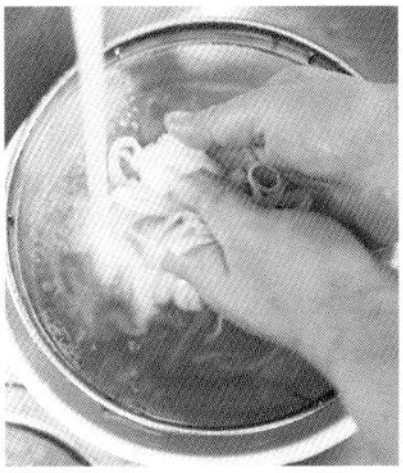
水でしめる！！

調理のポイント

ゆで時間は商品によってバラバラなので、パッケージの表示通りにゆでてください。パスタの代わりにするときは、1分短めにゆでて、水でしめると食感がよくなります。仕上り時にブチブチ切れてしまった場合は、ゆで時間をもう1分短くし、水でしっかりしめてみてください。

◎ビーフン

あっさりした味つけによく合います。フォーと同様、漂白剤を使っていないものを選びます。自然な黄ばみがあるものが安心。最近は国産品も見かけますので、安全な食材を選んでみてください。

調理のポイント

私は、ゆでたあと水でしめないで使います。水分を吸うので水でしめると味が薄まり、グズグズになってしまいます。

◎ブン

米粉で作られているもちもちした丸めんです
細めんと太めんがあり、そうめんやうどんの
代替として使えます。ベトナムでは、生春巻
きの具や和えめんがポピュラーな使い方です
日本でも取り扱うスーパーが増えてきました

調理のポイント

フォーと同じく水でしめます。表示通りに水に浸してからゆでても芯まで火が通らない場合は、水に浸す時間を長くし、ゆで上げる前にかたさを確認しましょう。

だしとたまごのやさしい味

幼い頃通っていたおそば屋さんのたまごとじそばには、のりがたっぷり入っていました。
市販のめんつゆなしでも、簡単に定番の味になります。

材料（1人分）

十割そば（乾めん）…80g
たまご…2個
三つ葉…2本
焼きのり（全形）…1/2枚
干ししいたけ（スライス）…3g
昆布…5cm×4cm
かつおぶし…4g
水…500mℓ
みりん…大さじ1.5
しょうゆ…大さじ1.5
塩…ひとつまみ

1 鍋に分量の水、昆布、干ししいたけを入れる。昆布がやわらかくなったら、はさみで細く切る。
2 三つ葉を3cm幅に切る。
3 そばを表記時間より1分短くゆで、流水でしめ、ザルにあげておく。（写真a）
4 1の鍋を火にかけて、煮立ったら、かつおぶし、みりん、しょうゆ、塩を入れる。
5 4にそばを入れて煮立たせ、溶いたたまごを回し入れて火を止める。
6 うつわに盛り、ちぎったのりと三つ葉をのせる。

a

あたたかいおつゆに入れますが、ゆで上がりはかならず水でしめること！

たまごとじそば

消化吸収がいいメニュー。病み上がりにぴったりです。

さっぱりおろし＆ジュワッとなす

新鮮ななすを使った夏のめん料理。
大根おろしが消化を助けてくれます。
つゆを冷やさず、常温で食べましょう。

材料（1人分）

十割そば（乾めん）…80g
大根…100g（2～3㎝程度）
なす…1本
大葉…1束（10枚程度）
みりん…大さじ3
しょうゆ…大さじ2
かつおぶし…4g
揚げ油…適量

＊体調が悪いときは
太白ごま油で揚げると胃もたれしにくいです。

1 大根をすりおろす。なすのヘタを落とし、縦半分に切り、ななめに切り込みを入れておく。大葉は小さくちぎる。
2 そばをゆで、流水でしめてザルにあげておく。
3 小鍋にみりんを入れ、弱火にかける。沸騰したらしょうゆとかつおぶしを入れ火を止める。
4 フライパンに油を熱し、なすを高温で揚げる。両面をしっかり揚げ、油を切ったら、3に入れておく。
5 うつわにそばを盛る。3のかつおぶしをちらし、なすと大根おろしを盛りつけて、3を回しかける。最後に大葉をのせる。

少なめの油で揚げ焼きにするとラクです。

なすおろしそば

Memo

新しょうがおろしをたっぷり添えてもおいしいです。
冬はなすの代わりにごぼうの唐揚げもおすすめ。

白菜塩あんかけそば

そばにはしょうがが合うので、たっぷり入れましょう。
食べ終わったあと、体がほっかほかになりますよ〜。

しょうがたっぷりで、体があたたまる

鶏むね肉を使っているので、
たくさん食べてもさっぱり&さわやかな食べ心地です。

材料（1人分）

十割そば（乾めん）…80g
鶏むね肉…100g
白菜…2枚
長ねぎ…1/3本
まいたけ…1/5パック
しょうが…1片
にぼし…3尾（頭と内臓を除いて6g程度）
塩こうじ…大さじ1
水…350㎖
片栗粉…大さじ1
塩…小さじ1/2
黒こしょう（お好みで）…適量

1 ビニール袋に1cm幅に切った鶏むね肉と塩こうじを入れてもみ込む。
2 そばを表示通りにゆで、流水でしめてザルにあげておく。
3 白菜は2cm幅、長ねぎはななめ薄切り、しょうがは千切りにする。まいたけを小房に分ける。
4 にぼしの頭と内臓をとる。（写真a）
5 分量の水に、4のにぼしとしょうが、まいたけを入れ中火にかける。
6 煮立ったら長ねぎと白菜、塩を入れる。鶏むね肉に片栗粉をまぶして鍋に広げ、フタをして中火で3分煮る。
7 鶏むね肉を裏返して、さらに2分中火で煮る。全体を混ぜて、ひと煮立ちしたら火を止める。
8 そばをうつわに盛り、7をそっとかける。お好みで黒こしょうを振る。

a

にぼしの頭と内臓を取り除いておく。

ジャンクな味なのに、体にいい！

父が日曜の昼に作ってくれた焼うどんをそばで再現。豚肉とかつおぶしのうま味が効いていて、がっつり味好みの中学生男子も満足してくれました。

材料（2人分）

十割そば（乾めん）…160g
長ねぎ…1.5本
豚こまぎれ肉…200g
ピーマン…2個
しょうが…1片
しょうゆ…大さじ2
ごま油…大さじ1
かつおぶし…4g

1 長ねぎはななめ薄切りに、ピーマンは1cm幅の細切りに、しょうがは千切りする。
2 豚肉にしょうゆ（大さじ1）をかけてなじませておく。
3 そばを表記通りにゆで、水でしめてザルにあげておく。
4 フライパンにごま油を引き、しょうが、豚肉、長ねぎを中火で3分炒める。ピーマンを加え、1分炒める。
5 そば、しょうゆ（大さじ1）を入れ、強火で手早くほぐし炒める。
6 うつわに盛り、かつおぶしをかける。

炒めるとき、混ぜすぎるとめんがべたつくので、強火でさっと炒める！

そば焼きそば

Memo

香りがよくて体をあたためる野菜がたっぷり入っています。
ピーマンは気の流れを整えるので、イライラを緩和する効果があります。

最後に落とすたまごがうまい！

子どもの頃好きだったお店のみそ煮込みうどんは、
半熟たまごにみそがしみ込んでおいしかった♡
なつかしい味をフォーで再現しました。

材料（1人分）

フォー（乾めん）…70g
鶏もも肉（唐揚げ用）…100g
油揚げ…1/2枚
長ねぎ…1/2本
まいたけ…1/2パック
春菊…2本
たまご…1個
にぼし…3尾
水…400mℓ
赤みそ（なければふつうのみそ）…大さじ3
みりん…大さじ2

＊調理前に37ページのフォーの調理のポイントをご一読ください。

1 にぼしの頭と内臓をとる（43ページ参照）。
2 まいたけを小房に分ける。春菊は4cm幅に切り、長ねぎはななめ薄切りに。
3 油揚げをキッチンペーパーではさみ、トントンとおさえて余分な油を吸わせてから、短冊切りにする。
4 フォーを表記のゆで時間マイナス1分でゆで、流水でしめてザルにあげておく。
5 土鍋に分量の水、1のにぼし、鶏肉、まいたけ、長ねぎ、油揚げを入れて中火にかけ、煮立ったら弱火で5分煮る。
6 赤みそとみりんを合わせ、鍋に溶き入れる。フォーを加えて軽く混ぜたら、たまごを割り入れ、フタをして弱火で2分煮る。
7 春菊を入れて汁となじませたら、火を止める。

赤みそには疲労回復効果や免疫力を高める働きがあります。アンチエイジングにも◎。

みそ煮込みフォー

Memo

春菊がベストマッチだと思いますが、白菜も合います。
白菜を使う場合は長ねぎと同じタイミングで入れ、やわらかく煮込みましょう。

セロリ焼きそば

Memo

セロリ以外の野菜は、冷蔵庫にあるものや季節の食材で試してみてください。
しめじ、長ねぎ、もやし、ニラなどが合います。夏は、パクチーがおすすめです。

ストレスを軽減する焼きそば

セロリはストレスの多い方におすすめの食材です。
セロリの香りは、アピイン・セネリンという香気成分によるもので、
メンタルを落ち着かせる作用があると言われています。

材料（2人分）

フォー（乾めん）…140g
鶏こまぎれ肉（ひき肉でもOK）…150g
セロリ（茎）…1本
セロリの葉…3枚分
しいたけ…3個
玉ねぎ…1個
ニンニク…1片
かつおぶし…4g
オリーブオイル…大さじ1
しょうゆ…小さじ1
塩…小さじ1

＊調理前に37ページの
フォーの調理のポイントをご一読ください。

1 鶏肉にしょうゆをかけてなじませる。
2 セロリはななめ薄切りに、葉はこまかく刻む。
3 しいたけは石づきをとり薄切りにする。玉ねぎとニンニクを薄切りにする。
4 フォーは表記のゆで時間マイナス1分でゆで、流水でしめてザルにあげておく。
5 フライパンにオリーブオイルとニンニクを入れて中火にかけ、香りが出たら鶏肉を加えて1分炒める。しいたけ、玉ねぎ、セロリ、セロリの葉、塩、かつおぶしを入れてしんなりするまで炒める。
6 フォーを加え、なじませるように混ぜながら3分炒める。

やさしい甘みで食物繊維たっぷり

市販のめんつゆには砂糖が多く含まれていますが、このレシピは切り干し大根の甘味を活用しているので、食後感がさわやかです。

材料（1人分）

ブン（乾めん）…60g
（フォーでも可）
鶏もも肉（唐揚げ用）…100g
まいたけ…1/2パック
玉ねぎ…1/4個
切り干し大根…10g
ニラ…2本
かつおぶし…4g
干ししいたけ（スライス）…4g
水…700mℓ
しょうゆ…大さじ1.5
塩…小さじ1

1 切り干し大根をさっと洗う。鍋に分量の水と切り干し大根、干ししいたけを入れ、つけておく。
2 まいたけと玉ねぎを薄切りにする。ニラはこまかく切る。
3 ブンを表記通りにゆで、流水でしめてザルにあげておく。（写真a）
4 1の鍋を火にかけ、まいたけ、玉ねぎ、鶏肉、しょうゆ、塩を入れて煮立たせ、中火で5分煮る。アクが出たらとる。
5 かつおぶしを加えて2分煮て、ニラを入れて火を止める。
6 うつわにブンを盛り、5のつゆを注ぐ。（写真b）

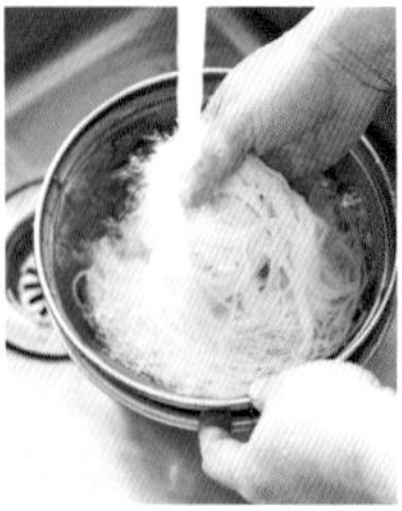

a
ゆでたらしっかり水でしめる。

b

水でしめたブンをうつわに盛り、熱いスープを注ぐ。

鶏まいたけブン

天日干しの乾物は太陽のパワーを含んでいます。このブンは切り干し大根と干ししいたけのダブル使い。気持ちが明るく、前向きになる一杯です。

ビニール袋で簡単ジェノベーゼ

包丁を持ちたくないほど疲れている……。
そんなときはビニール袋でソース作りを。
驚くほどプロの味になります！

材料（2人分）

ブン（乾めん）…120g
（フォーでも可）
くるみ…50g
（松の実やアーモンドなどでもよい）
プチトマト…6個
大葉…3束（30枚程度）
ニンニク…1/8片
しょうゆ…大さじ1/2
オリーブオイル…大さじ1/2
塩…小さじ1/2

1 ブンをパッケージの表記通りにゆで、流水でしめてザルにあげておく。

2 プチトマトを半分に切る。大葉は小さくちぎる。

3 厚めのビニール袋に、くるみ、大葉、しょうゆ、ニンニク、オリーブオイルを入れ、瓶の底などでつぶす。（写真a）

4 ボウルに1のブンと塩を入れて混ぜる。3を加えてほぐすように混ぜ、うつわに盛る。プチトマトをのせてできあがり。

a

瓶の底などでつぶします。

ソース完成！

しそ和えめん

Memo

ナッツや香味野菜など、ふだんとりにくいビタミンを効率的にとれるメニューです。

化学調味料なし！なのに深いうま味

おうち中華を自然なうま味で仕上げるために、試作を繰り返しました。干しえびが味のポイントです。

材料（2人分）

ビーフン…100g
キャベツ…1/4個
ニラ…1/3束
もやし…1/2袋
豚こまぎれ肉…200g
たまご…2個
干ししいたけ（スライス）…4g
水…100mℓ
干しえび…大さじ1
カレー粉…小さじ1
しょうゆ…大さじ2
塩…小さじ1/2
しょうが…1片
オリーブオイル…大さじ1

1 干ししいたけを分量の水で戻す。キャベツは1cm幅の短冊切りに、しょうがは千切り、ニラは3cm幅に切る。
2 ビーフンを表示通りにゆでて、ザルにあげておく（流水にさらさない）。
3 豚肉にしょうゆをかけてなじませる。
4 あたためたフライパンにオリーブオイルを入れて、たまごを溶き入れ、半熟の炒りたまごにして取り出す。
5 同じフライパンで干しえびとしょうがを炒めて香りを出し、豚肉を加えて中火で2分で炒める。
6 キャベツ、ニラ、もやし、水気をしぼった干ししいたけ（戻し汁はとっておく）、塩を入れ中火で2分炒める。
7 カレー粉とビーフンを入れ、全体をなじませたあと、干ししいたけの戻し汁を入れて、ビーフンをほぐしながら水分がとぶまで中火で炒める。
8 4のたまごを戻し入れ、ビーフンとなじませるように混ぜ、火を止める。

ビーフンは、表面がザラザラしていてソースが絡みやすい！

カレービーフン

カレー粉は食欲増進に効果大。干しえびは、消化不良、冷え、だるさを改善しますし、干ししいたけは落ち込んだ気分をアップしてくれます。元気が出ないときにぜひ食べて！

トマトとイカのビーフン

イカの肝を使う場合は、肝を先に炒めてから胴体と足を炒めてください。

滋養強壮コンビが疲労回復を助ける

トマトは暑さによるイライラやのぼせを改善し、イカはタウリンを含んでいるので、食べると元気になれます。熱々が最高ですが、冷めても美味です。

材料（2人分）

ビーフン…100g
ホールトマト缶…1缶
イカ…1杯（300g程度）
ニラ…1/2袋
ニンニク…1片
オリーブオイル…大さじ1
みりん…大さじ2
しょうゆ…大さじ1
塩…小さじ1/2
水…150mℓ

1 ニラを4cm幅に切る。ニンニクは半分に切り、芽を取りつぶしておく。イカは内臓を取り除き、1.5cm幅の輪切りに。足もひと口大に切る。
2 フライパンに、オリーブオイルとニンニクを入れて香りを出し、イカを加えて中火で1分炒める。
3 トマト缶のトマトをつぶしながら入れる。塩、みりん、しょうゆを加え、煮立たせる。
4 フライパンの中心を空け、分量の水とビーフンを入れてフタをして中火で2分煮る。フタをとり、ビーフンを返してほぐし、またフタをしてさらに2分煮る（ビーフンの太さや性質により加熱時間を増やす。焦げそうになったら水を足す）。
5 全体を混ぜてから、ニラを入れ中火で1分炒める。

トマトの酸味が強いときは、仕上げにたまごを加えるとまろやかになります。フライパンの端にたまごを溶き入れ、少し固まったら全体を混ぜます。

めんに、ごはんに、副菜に。アレンジ無限大！

応用を前提としたシンプルなミートソースです。
60ページからこのソースを使った応用レシピを紹介します。

材料（作りやすい分量）

豚ひき肉…500g
ホールトマト缶…1缶（400g）
トマト…1個（ミニトマト10個でも可）
玉ねぎ…1個
ニンニク…2片
オリーブオイル…大さじ1
塩…小さじ2
赤とうがらし（乾燥）…1本
オレガノ（バジルやタイムでも可）…2つまみ
ナツメグパウダー…ひと振り
（クローブや黒こしょうでも可）

1 ニンニクと玉ねぎはみじん切りに、トマトはざく切りにする。
2 鍋にオリーブオイル、ニンニク、種をとった赤とうがらしを入れ中火にかける。
3 ニンニクの色が変わったら、豚ひき肉を入れ、強火で炒めて肉に焼き色をつける。余分な脂が出たらキッチンペーパーで吸い取る。
4 玉ねぎと塩を加え、すき通るまで炒める。
5 トマトとトマト缶をつぶしながら入れる。オレガノ、ナツメグパウダーを加え、時々混ぜながら中火で10分〜15分煮る。

＊冷めたら冷蔵庫へ。日持ちは3日程度です。夏は早めに使いきりましょう。多めに作るときは冷凍保存に。

そのままめんに和えて食べるときは、干ししいたけ（大さじ1）を手で砕いて、トマトと同じタイミングで加えてください。うま味が増してよりおいしくなります。

基本のミートソース

牛豚あいびき肉や牛ひき肉でもおいしくできます。個人商店で買えるときは、肉を粗めに挽いてもらうと肉の存在感が増して違うおいしさを味わえます。

ミートソース応用①

心身を潤し、心を穏やかに保つ豆乳レシピ

豆乳&チーズでクリーミーなおいしさ。
ソースがよく絡むので、
平たいフェットチーネタイプの米めんがおすすめです。

材料（1人分）

フォー…70g
ミートソース（58ページ）…200g
豆乳（牛乳でも可）…100mℓ
シュレットチーズ…50g
（パルメザンチーズでも可。
体調が悪いときはチーズは省略しましょう）
季節の野菜…適量
（今回は、アスパラガスとスナップエンドウを
ゆでました）

＊調理前に37ページの
フォーの調理のポイントをご一読ください。

1 フォーを表記のゆで時間マイナス1分でゆで、水でしめてザルにあげておく。野菜をゆでる。
2 フライパンにミートソース、豆乳、チーズを入れ、煮立つまで弱火であたためる。
3 フォーを2に入れ、弱火で混ぜながら2分煮てなじませる。うつわに盛り、ゆで野菜を添える。

豆乳は慢性的な疲労に効き、心を癒やす働きもあります。肌の乾燥にも効き目があるそうです。体に合わない方もいるので、とりすぎには注意。写真は著者おすすめのCGCの豆乳です。

まろやかミートソースフォー

Memo

シンプルなレシピなので野菜を付け合わせて。きのこ類を焼くだけ、旬の野菜をゆでるだけでOKです。彩りと栄養バランスがぐっとよくなります。

ミートソース応用②

ラクしたいときこそ、オーブン活用！

こってり見えて軽い食後感のドリアです。
焼いているあいだに副菜や汁物を作れるので、
忙しいときほどオーブン料理はおすすめ。

キャベツとミートソースのドリア

［ホワイトソース］

材料

豆乳（牛乳でも可）…500㎖

米粉…大さじ3

塩…小さじ1/2

ナツメグパウダー…2振り

1 材料をすべて小鍋に入れ、ヘラでよく混ぜる。

2 中火にかけ、ヘラで鍋底をなぞるようにかき混ぜながらあたためていく。

3 沸騰したら弱火にして1分ほど混ぜ続ける。モソモソからツヤツヤへ変化したら完成。（写真a）

a

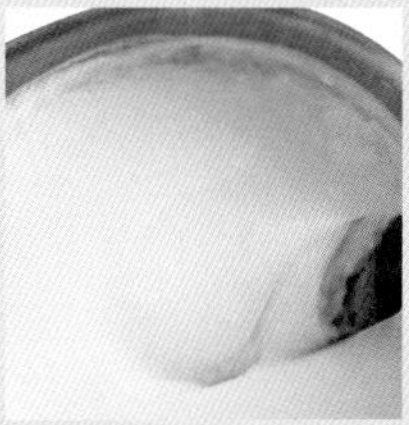

米粉のホワイトソースはダマになりにくくさらっとしています。3のツヤツヤへ変化した瞬間。

ホワイトソースのナツメグは、おいしさにかなり影響するので、省略せず入れてください。ワンランク上の仕上がりになります。

［ドリア］

材料（4人分）

ミートソース（58ページ）…400g程度

ホワイトソース…500g（上記レシピの1回分）

ごはん（冷やごはんはレンジで軽くあたためる）…2合分

キャベツ…1/4個（300g程度）

シュレッドチーズ…100g

カレー粉…小さじ2

オリーブオイル　小さじ1

塩　小さじ1/2

1 キャベツを4㎝角程度に切る。

2 ごはんに、カレー粉、塩、オリーブオイルを加えてさっくり混ぜる。

3 耐熱容器に、2のごはんを広げ、ミートソース、キャベツ、ホワイトソースの順にのせて、チーズをかけ、210℃に予熱したオーブンで25分焼き、こんがりとした焼き色をつける。

ミートソース応用③

ミートソースで副菜5品

ミートソースさえあれば、副菜もあっというま!

消化のいい
半熟たまごで一品

ゆでたまごがけ

材料(1人分)
ミートソース(58ページ)…50g
たまご…1個

1 たまごをお湯から8分ゆでて半熟たまごを作る。
2 たまごを半分に割ってうつわに盛り、あたためたミートソースをかける。

夏バテ予防になる
なすの副菜

ミートソースなす

材料(1人分)
ミートソース(58ページ)…50g
なす…1本(縦に四つ切り)
塩…ひとつまみ
オリーブオイル…小さじ2

1 熱したフライパンにオリーブオイルを入れ、なすを強めの中火で焼き、塩を振る。
2 うつわになすを盛り、あたためたミートソースをかける。

たまご、じゃがいも、
チーズも好相性の具

ニラ入りブリトー

材料(1人分)
ミートソース(58ページ)…70g
ニラ…2本
ライスペーパー(28cm)…2枚
オリーブオイル…大さじ1

1 ニラを1cm幅に切る。
2 ライスペーパーを1枚ずつ水にくぐらせ、2枚重ねる。
3 ミートソースとニラをライスペーパーの手前にのせてひと巻きし、両端を内側に折り込み、さらに巻く(125ページ参照)。
4 熱したフライパンにオリーブオイルを入れ、焼き色をつけながら全面焼く。

じゃがいもグラタン

気持ちが上がる
主役級の副菜

材料（1人分）
じゃがいも…2個
ミートソース（58ページ）…150g
ホワイトソース（63ページ）…80g
シュレッドチーズ…40g
塩…2つまみ

＊1人分のホワイトソースの分量
豆乳100mℓ、米粉小さじ2、塩2つまみ、ナツメグパウダーひと振り

1 じゃがいもを水からゆで、皮をむく。
2 耐熱容器に、じゃがいもをつぶしながら広げて、塩を振る。
3 ミートソース、ホワイトソース、チーズの順に重ねて、210℃に予熱したオーブンで20分焼く。

たまご焼き

お弁当のメインおかずに

材料（作りやすい分量）
たまご…3個
ミートソース（58ページ）…80g
塩…ひとつまみ
オリーブオイル…適量

1 ボウルにたまごを割り入れ、塩を加えてよく混ぜる。
2 フライパンを熱してオリーブオイルを入れ、たまご液を$1/3$量を流し入れ全体に広げる。真ん中より少し上にミートソースを棒状にのせる。
3 気泡が出て半熟になったら、奥から手前に巻く。残りのたまご液を数回焼き重ね、たまご焼きの要領で巻いていく。

コラム②

「旬」は体によくて経済的

旬の食材を使いましょう。あれこれ考えなくても、そのときに必要な栄養がとれます。

トマト、オクラ、キュウリなどの夏野菜は、体内の水分を調節する働きがあり、湿度に強い体を作ってくれます。

秋に出荷されるレンコンや里いもは、秋の乾燥を内側から潤してくれます。

ごぼう、にんじんなど冬の根菜類は、体を芯からあたためてくれますし、寒さに耐えた白菜はビタミンが豊富で風邪予防に欠かせません。

春の菜花は「芽吹き」のパワーがあり、寒い冬のあいだ縮こまっていた体と心を、ぐーんと天に向かって伸ばしてくれます。

旬の食材は値段も安く経済的です。ひと皿料理といっても高い食材では続きませんから、家計にやさしい旬の食材はありがたい存在です。

3章 ごはんもの

市販のルーを使わないカレーやシチュー、
炊き込みごはん、丼ぶりなどのごはん料理を紹介します。
ひと皿で満足できるけど、
少し特別で自分を喜ばせる味がいいな、と思って
レシピを考えました。

カレー、丼ぶり、炊き込みごはん

困ったときのカレー頼み。

そんな話をよく聞きます。

子どもも大人も大好きですし、具材を炒めて煮込むだけの手軽さがありがたい。

でも、市販のルーには小麦粉が入っているし、スパイスから作るなんてむずかしそう……。

グルテンフリー生活を始めると、カレーが献立からはずれてしまうのがちょっと困る、という方は多いようです。そこでこの章ではルーを使わないカレーやシチュー、満足度の高い炊き込みごはんや丼ぶりをご紹介します。

ごはんものは、ひと皿ですむ食事の真骨頂かもしれません。

丼ぶりにしてもカレーにしても、さっと作れるので、自炊のハードルが低いのです。めんどうくさい日や疲れた日に、ぜひ試していただきたいなと、思います。

ここで紹介するレシピ以外でも、気軽に丼ぶりを作っていただけるよう、ふたつのコツをお伝えします。煮物や炒め物を作るときに、①味をしっかりつけて、②とろみをつけるだけで、おいしい丼ぶりができあがります。いつものおかずで試してみてください。

丼ぶりのコツ①

味をしっかりめにつける

いつもの炒め物、煮物の味をしっかりめにつけます。単純に塩分をプラスするだけでなく、香り野菜なども少し多めにすると丼ぶりに合います。

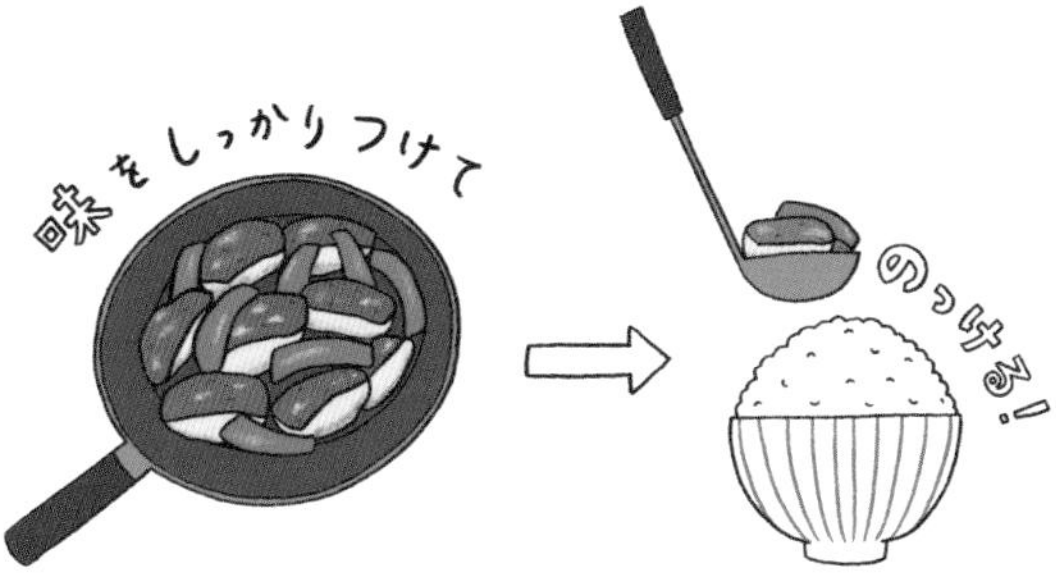

簡単丼ぶり組み合わせ

鶏肉×ピーマン×カレー粉
トマト×たまご×甘酢
なす×豚肉×甘みそ etc.

丼ぶりのコツ②

とろみをつける

加熱したおかず(水分は少し多めがよい)に、水溶き片栗粉(1人分:水大さじ1＋片栗粉大さじ1)をかけて混ぜると、あんかけが完成。

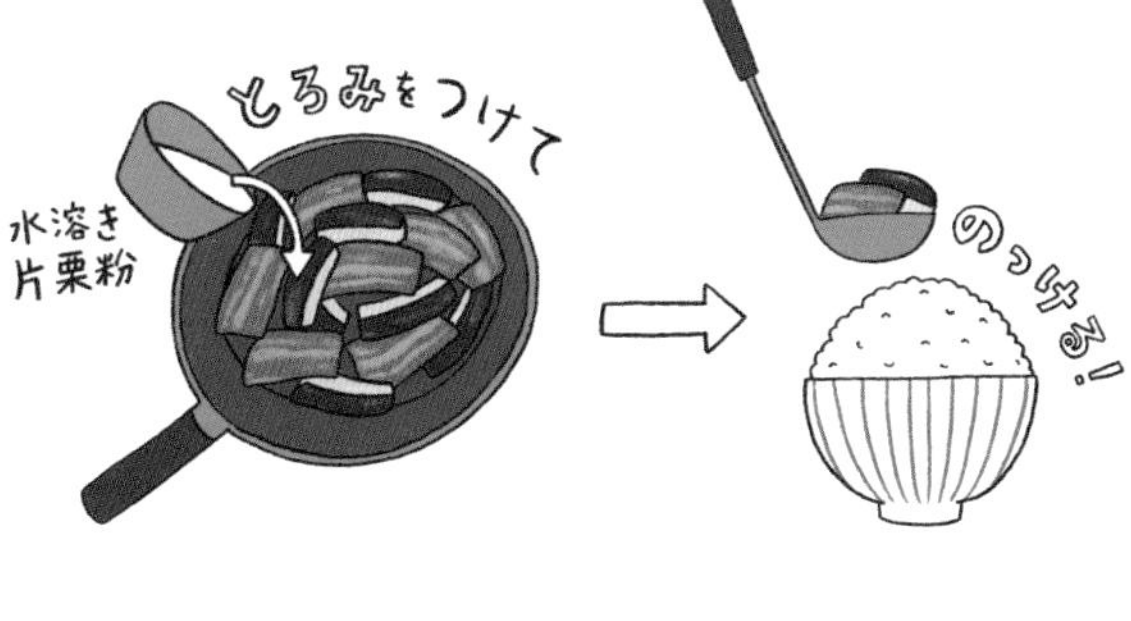

市販のルーを使わないから「食べ疲れない」カレー

市販のルーには油脂や小麦粉が多く含まれています。小麦粉や添加物なしで、疲れていてもスルスル食べられるカレーのレシピを考案しました。

材料（4人分）

じゃがいも…小4個
にんじん…2本
玉ねぎ…大1個
豚バラ肉（ブロック）…300g
ニンニク…2片
しょうが…2片
トマトペースト…大さじ1
カレー粉…小さじ3
水…1ℓ
水溶き米粉
（米粉…大さじ2　水…大さじ3）
みりん…大さじ2
しょうゆ…大さじ2
塩…小さじ1

1 じゃがいもの皮をむく（大きなじゃがいもを使う場合は半分に切る）。にんじんは皮つきのまま6等分に切る。玉ねぎを2cm角に切る。ニンニクとしょうがをみじん切りにする。豚肉を4等分に切る（かなり大きめです）。

2 豚肉を中火で炒めて脂を出し、ニンニク、しょうが、塩、玉ねぎを入れて焦げる手前まで炒める。

3 トマトペーストを加え中火で炒め、分量の水を入れる。じゃがいもとにんじんを入れて煮立たせ、フタをして弱火で15分煮る。

4 フタをとり、しょうゆ、みりん、カレー粉を入れ弱火でコトコト5分煮る。

5 水溶き米粉を鍋に回し入れる。（写真a）
鍋底をなぞるように全体を混ぜ、中火にかける。煮立ったら火を止める。

a

水溶き米粉を入れて
とろみをつけているところ。

おうちカレー

私は手に入りやすいS&Bのカレー粉を使っていますが、けっこう辛めです。
辛いのが苦手な方はスパイスを配合してみてください。

【辛くないカレー粉】

コリアンダー6g、クミン6g、ターメリック6g、カルダモン1g、シナモン1g、クローブ2振り
クミン、ターメリック、コリアンダーは必須。あとは省略可ですが全部入れると
バランスがとれておいしいカレーになります。

じゃがいもキーマカレー

小松菜はカルシウム豊富で大のお気に入りの野菜。かぶの葉や大根の葉で代用してもOK。

野菜が主役。短時間で完成するカレー

じゃがいもメインのカレーです。
じゃがいもをごぼうに変えてもおいしいですよ。

エリンギ
えのき
まいたけ
しめじ
きのこなら
なんでもおいしい♥

きのこはなんでもＯＫ。2種類ほど入れると味に深みが出ます。

材料（2人分）

豚ひき肉…250g
（鶏ひき肉にすると、あっさり仕上がります）
じゃがいも…大1個（300g程度）
しいたけ…1/2パック
玉ねぎ…1個
小松菜…1/2袋
ニンニク…1片
にぼし…3尾
しょうゆ…大さじ1
カレー粉…小さじ2
塩…小さじ1.5
水…400㎖

1 ニンニクはみじん切りに、小松菜は1.5㎝幅、ほかの野菜は1.5㎝角に切る。にぼしの頭を取り除き、1㎝程度にむしる（内臓はついたまま）。
2 フライパンに豚ひき肉を入れ中火で焼き目をつけ、余分な脂をキッチンペーパーで吸い取る。
3 ニンニク、玉ねぎを入れ、玉ねぎの色が変わるまで中火で炒める。
4 カレー粉、塩、にぼしを加えて炒める。しいたけを加え、さらに炒める。
5 分量の水、しょうゆ、じゃがいもを入れ、中火で10分煮る。味見して塩気が足らない場合は塩を足す（少し強めの味にする）。煮立ったらアクを取り除く。
6 小松菜を加え、2分ほど煮たらできあがり。

コクがあってごはんがすすむ
風邪予防にもなるシチュー

白菜をトロトロに煮て甘味を引き出しています。
寒さに耐えた白菜はビタミンをたっぷり蓄えているので、
風邪予防になります。

材料（2～3人分）

白菜…1/8個（300g程度）
豚バラ肉（スライス）…200g
（鶏もも肉でも合います）
玉ねぎ…1/2個
しめじ…1パック
水溶き米粉
（米粉…大さじ2　水…100mℓ）
アンチョビペースト…大さじ1
水…200mℓ
豆乳（牛乳でも可）…200mℓ
しょうゆ…大さじ1
酒…大さじ1
黒こしょう…適量

＊直径28cmの深めフライパンを利用しています。

1 白菜と豚肉を5cm幅に切り、豚肉にしょうゆをかけてなじませておく。玉ねぎは薄切りにする。しめじは石づきを切り落とし、小房に分ける。
2 豚肉を中火で炒め、脂を出す。
3 アンチョビペーストと玉ねぎを入れ、半透明になるまで炒める。
4 しめじ、白菜、酒、分量の水を入れ、フタをして中火で3分煮る。軽く混ぜて弱火でさらに3分煮る。
5 具を端によせてフライパンの中心を空け、水溶き米粉を入れる。（写真a）中心を煮立たせ、よく混ぜて米粉に火を通したら、全体を混ぜて煮立たせる。
6 豆乳を加え弱火で全体をあたため、沸騰する直前で火を止める。
7 うつわに盛り、黒こしょうを振る。

a
水溶き米粉を入れて
とろみをつけているところ。

白菜と豚バラのシチュー

Memo

白菜の時期以外は、キャベツ、大根、かぼちゃなどそのときの旬の野菜で作りましょう。

水分の少ない野菜を使うときは、水を増やしてください。

お揚げさん丼

旬の野菜を一品プラスすることで栄養バランスもよくなり、消化負担も減ります。
なすの代わりにチンゲン菜、かぶ、小松菜、しいたけなどでもおいしいです！

油揚げはお肉のように使える！

京都を旅すると、油揚げメインのそばやうどんに出合えます。「おいしいお揚げで丼ぶりを作ろう！」とワクワクひらめいた一品です。

材料（1人分）

ごはん…150g
油揚げ…1枚
なす…1本
長ねぎ…1/2本

A
水…150mℓ
みりん…大さじ2
しょうゆ…大さじ1
塩…2つまみ

かつおぶし…4g
水溶き片栗粉
（片栗粉…大さじ1/2　水…大さじ1）

1 なすを縦半分に切り、ななめに6等分にする。長ねぎはななめに切る。油揚げは三角に4等分する。
2 鍋に、油揚げ、なす、長ねぎを入れ、両面に焼き色をつける。
3 Aを加え、煮立ったらかつおぶしを入れる。
4 火を止め、鍋全体をヘラで混ぜながら水溶き片栗粉を回し入れ、よく混ぜる。
5 再度火をつけ、混ぜながら中火にかける。煮たったら、火を止める。
6 ごはんを盛りつけ、5をかける。

そばにのせたら、あんかけお揚げそば！

れんこんの存在感大 中華街のチマキの味！

れんこんは体内の余分な熱をとり、肺を潤す食材です。疲労回復に有効なビタミンB_1を豊富に含む豚肉といっしょにとるのがおすすめ。

材料（4人分）

米…2合
水…400mℓ
豚肉角切り（カレー用）…200g
れんこん…200g
干ししいたけ（スライス）…5g
干しえび…大さじ1
しょうゆ…大さじ2
みりん…大さじ1
塩…小さじ1/2

1 米をとぎ水気をきっておく。豚肉にしょうゆをかけてなじませる。分量の水で干ししいたけを戻す。れんこんを2cm角に切る。
2 炊飯器に、米と干ししいたけと戻し汁、干しえび、みりん、塩、豚肉をしょうゆごと入れ、さっと混ぜる。
3 外周に豚肉を並べ、その上にれんこんをのせて炊飯する。（写真a）

a

炊き上がり。熱いうちにさっくり混ぜて。

米の対流を妨げないように中央を空けて、外側に具を積みましょう。

チマキが大好物で、中華街に行くとかならず買います。手軽にチマキっぽいものを食べたい！と考えたレシピです。

中華おこわ風ごはん

Memo

もち米で作るとぐっと本格的に。その場合は、
水は360mℓに変更し、炊く前に30分以上水につけてください。

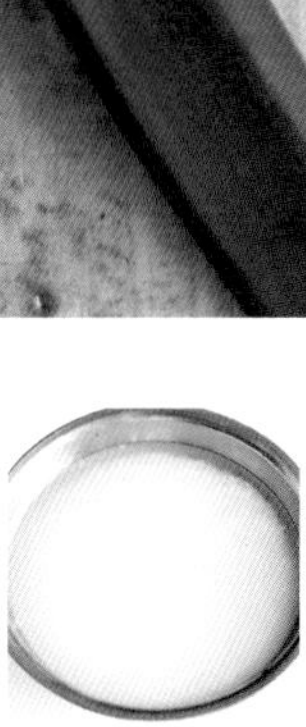

ふわふわ軽い！ 胃が疲れない豆腐ハンバーグ

豆腐がメインなので、軽い仕上がりです。
お肉が多いと胃腸が疲れてしまう方もぺろりと食べられます。

材料（ハンバーグ・6個分）

豚ひき肉…500g
絹豆腐…1丁（400g）
玉ねぎ…1/2個
たまご…1個
片栗粉…大さじ3
しょうゆ…大さじ1
塩…小さじ1
てんさい糖…小さじ1
ナツメグパウダー…ひと振り
オリーブオイル…適量

1 玉ねぎをみじん切りにする。フライパンにオリーブオイルと玉ねぎを入れ透明になるまで炒める（耐熱容器に入れラップをして電子レンジ600Wで2分でも可）。
2 ボウルに豚ひき肉と塩を入れ、粘りがでるまでよく練る。
3 しょうゆ、てんさい糖、片栗粉、ナツメグパウダーを加え、たまごを割り入れてさらに練る。
4 ボウルの端で豆腐をつぶしてピュレ状にし、全体と混ぜる。1の玉ねぎを入れ、さらに混ぜて6等分に成型する。
5 フライパンにオリーブオイルをあたため、4を入れて中火で4分焼き、焼き色をつける。
6 裏返して、弱火で4分焼く。
7 生野菜や副菜、ごはんといっしょに盛る。

＊味がついているのでソースは不要です。

副菜は自由に！　ハンバーグを焼いたフライパンで野菜を炒めて添えるだけでもじゅうぶんです。

ハンバーグプレート

プレートには旬の野菜を添えましょう。赤が入るとワクワクするので
プチトマトやパプリカ、ほかにはとうもろこしの輪切りなどもお皿が明るくなります。

ごはんの章の途中ですが……

やっぱり汁物がほしい！

すぐにできて、栄養満点の汁物5品です。

納豆みそ汁

血行をよくして、
体をあたためる

材料（2人分）
納豆…1パック
ニラ…2本
（こまかく切る）
にぼし…1尾
（頭と内臓をとる）
水…400mℓ
みそ…大さじ2

1 鍋に分量の水、にぼし、納豆を入れ弱火にかける。
2 煮立ったら、ニラを入れて火を止め、みそを溶き入れる。

梅干しするめスープ

疲労回復の食材が
大集結

材料（2~3人分）
木綿豆腐（絹でも可）…1丁
梅干し…中3個（30g程度）
するめ…1/2枚（16g）
昆布…5cm×4cm
しょうが（すりおろす）…大さじ1
水…600mℓ

1 するめと昆布をはさみで2cm角程度に切る。
2 鍋に、分量の水、昆布、するめを入れる。梅干しをつぶして種ごと加えて、煮立たせる。
3 豆腐を手でくずしながら入れる。最後にしょうがを加える。味見して塩味が薄ければ塩（分量外）を足す。

自家製ラー油で
パンチのある味に

ピリ辛たまごスープ

材料（2人分）
たまご…2個　葉物野菜（かぶの葉、菜花、小松菜などなんでもOK）…2本　水…400mℓ
かつおぶし…4g　しょうゆ…大さじ1
塩…ひとつまみ
自家製ラー油（21ページ）…大さじ1

1 鍋に分量の水を煮立たせ、かつおぶし、しょうゆ、塩を入れる。たまごを溶き入れ弱火で2分煮る。
2 こまかく切った葉物野菜を入れて煮立たせ、うつわに盛り、自家製ラー油をかける。

便秘予防と
冷え解消に

トマトと切り干し大根のみそ汁

材料（2人分）
トマト…1個（4等分に切る）
切り干し大根…10g　にぼし（頭と内臓をとる）…1尾　水…400mℓ　みそ…大さじ2

1 洗った切り干し大根、にぼし、分量の水を鍋に入れ、弱火で3分煮る。
2 トマトを入れ、沸騰したら火を止め、みそを溶き入れる。

包丁いらずで
深みのある味

わかめと干しえびの中華風スープ

材料（2～3人分）
乾燥わかめ…大さじ1　干しえび…大さじ1
にぼし（頭と内臓をとる）…1尾　しょうが（すりおろす）…小さじ1
すりごま…小さじ2　水…500mℓ
しょうゆ…大さじ1
ごま油…小さじ2　塩…ひとつまみ

1 鍋にごま油、干しえび、にぼしを入れ、中火で香りが立つ程度に炒め、分量の水とわかめを入れて煮立たせる。
2 しょうゆ、しょうが、すりごまを加える。味見して、塩を入れる。

シャリにしょうがを混ぜた さわやかな味

三重県のお伊勢さんで、かつおの手ごね寿司をいただきました。シャリがさわやかで、おいしかった！伊勢の思い出から発案したレシピです。

材料（1人分）

［酢飯］

ごはん…150g

A
- しょうが（みじん切り）…1/2片
- 米酢…大さじ1
- てんさい糖…小さじ1
- 塩…ひとつまみ

［具材］

まぐろブツ切り（刺身用）…100g

（かつお、タイ、ひらめ、ホタテ、スモークサーモンなどでもOK。大きい場合は食べやすい大きさに切っておく）。

水菜…2本

プチトマト…1個

しょうゆ…大さじ1

白すりごま…大さじ1

B
- たまご…1個
- てんさい糖…小さじ1
- 塩…ひとつまみ

＊4人分の場合の酢飯
ごはん 2.5合（少なめの水で炊く）
米酢 大さじ4、てんさい糖 大さじ2、塩 小さじ1、
しょうが（みじん切り）大さじ2
（酢飯以外の材料は4倍にしてください）

1 Aの材料を混ぜてなじませる。前日からつけておくとよりおいしくなります。（写真a）まぐろにしょうゆをかけ、10分程度置いてなじませる。

2 水菜を2cm幅に切る。プチトマトのへたをとり、半分に切る。

3 Bをボウルでよく混ぜて、小さいフライパンで炒りたまごにする。

4 あたたかいごはんにAを入れてさっくりと混ぜる。

5 うつわに4を盛り、すりごまを散らし、野菜とまぐろ、3の炒りたまごを盛りつける。

a

しょうがに下味をつけるのがポイント。

かんたんちらし

以前フランスで開いた料理教室で、
このちらし寿司を作り、好評でした。
そのときはスモークサーモンを活用しました。

王道の親子丼を胃腸にやさしくアレンジ

干ししいたけのうま味と鶏肉のコクをたまごが包み込む、王道の親子丼です。つゆだくなので食欲がない日にも◎

材料（1人分）

ごはん…150g
鶏もも肉（唐揚げ用）…150g
玉ねぎ…小1個
三つ葉…2本
たまご…2個
干ししいたけ（スライス）…4g
水…300mℓ
みりん…大さじ3
しょうゆ…大さじ2
かつおぶし…4g

1 鍋に分量の水と干ししいたけを入れる。
2 三つ葉を3cm幅に切る。玉ねぎは薄切りにする。
3 1を中火にかけ、煮立ったら、みりん、しょうゆ、かつおぶしを入れる。
4 玉ねぎを入れて煮立たせ、2分煮る。
5 鶏肉の皮目を下に入れ、4分煮る。裏返して、さらに3分煮る。
6 煮立った鍋に溶いたたまごを回し入れ、弱火にして1分煮る。フタはしなくてよい。
7 うつわにごはんを盛り、5をかけて、三つ葉をあしらう。

三つ葉は、ストレスや運動不足からくる滞りの解消、咳の改善にも効き目アリ。

つゆだく親子丼

玉ねぎを長ねぎにするとさっぱり仕上がるので、季節や気分で変えるといいですね。

カオマンガイ風ごはん

季節によっては、なすを旬の野菜に変えましょう。
冬はにんじんやかぶ、春はキャベツ、夏はズッキーニがおすすめです。

湿度が高い時期におすすめ

日本も高温多湿の期間が長くなり、東南アジア圏の食文化が合うようになってきました。タイ料理のカオマンガイを簡単にアレンジしたレシピです。

材料（4人分）

米…2合
鶏もも肉（唐揚げ用）…8切れ（300g程度）
なす…2本（大きいものなら1本）
ニンニク…1片
しょうが（スライス）…2枚
パクチー（三つ葉や小ねぎで代用可）…2本
しょうゆ…大さじ1
水…440mℓ

A
米酢…大さじ2
しょうゆ…小さじ2
からし…小さじ1/2

1 米をとぐ。なすはヘタを落とし、縦に4等分にする。パクチーは小口切りにする。鶏もも肉にしょうゆをかけてもみ込む。
2 炊飯器の釜に、米と分量の水を入れ、しょうが、ニンニク（丸のまま）、鶏肉（しょうゆごと）を外側に並べて真ん中は空けておく。
3 なすを鶏肉の上にキャンプファイヤーのように積んで、炊飯する。（写真a）炊いているあいだにAの調味料を小皿に用意する。
4 炊けたら、なすと鶏肉を取り出し、やわらかくなったニンニクとごはんを混ぜる。
5 4のごはん、なす、鶏肉の順に盛りつけ、パクチーをのせる。Aのつけだれを添え、なすや鶏肉につけながらいただく。

a

炊飯器調理のポイントは、中央を空けて米の対流を邪魔しないこと。外周に具を積み上げましょう。

旨辛みそ味でごはんが進む！

セロリは体内の水分調整をしてくれるので、梅雨から夏の終わりまでの湿度の高い時期に積極的にとりたい食材です。

材料（1人分）

ごはん…150g

豚こまぎれ肉…150g

セロリ（茎）…1本（100g程度）

セロリの葉…1枝分

玉ねぎ…1/2個

ニンニク…1/2片

ごま油…小さじ1

A
- 水…大さじ1
- みりん…大さじ1/2
- しょうゆ…大さじ1/2
- みそ…大さじ1/2
- 豆板醤…小さじ1/2

1 セロリはななめ1cm幅に切り、葉はみじん切りにする。ニンニクはつぶしておく。玉ねぎは1cm幅に切る。

2 Aの調味料を混ぜておく。

3 フライパンにごま油とニンニクを入れ中火にかけ、色がついたら、豚肉を加えて油をなじませる。玉ねぎを加えて半透明になるまで炒める。

4 セロリとセロリの葉を入れて混ぜ、2を加えて、強火で3分炒める。

5 ごはんに4をのせてできあがり。

セロリが苦手な人は長ねぎで作ってみてください。キャベツや小松菜のような葉物もおすすめ。

豚肉セロリ丼

Memo

豆板醤がない場合は、仕上げにラー油を入れるとピリ辛で美味！（自家製ラー油21ページ）

疲労回復、体力回復の栄養ごはん

梅干しの酸味と塩気、昆布と鶏ひき肉から出るだしがあわさって、薄味なのにしっかりとうま味があります。

材料（4人分）

米…2合
鶏ひき肉…150g
梅干し…2個
昆布…5cm×10cm
しょうが（スライス）…2枚
しょうゆ…小さじ2
水…440mℓ

1 米をとぐ。昆布をはさみで2cm角に切る。
2 鶏ひき肉にしょうゆをかけて、よく混ぜる。
3 炊飯器の釜に分量の水と米を入れ、しょうが、梅干し、昆布を外側にのせる。
4 鶏ひき肉をスプーンでひと口大にまるめて外側にのせ、早炊き炊飯（鶏肉がかたくならないように）する。（写真a）
5 炊き上がったら全体をほぐし混ぜて、うつわに盛る。

a

米の対流を妨げないように真ん中は空けましょう。

鶏・梅・昆布ごはん

Memo

鶏ひき肉は、もも肉を使うとこってりほろほろ、むね肉はあっさりかために仕上がります。

写真はむね肉のつくねです。

ひと皿ごはんの本ですが……

やっぱり副菜つけたい！

不足しがちな栄養を補うサイドメニュー。
すべて10分以内でできる手軽なレシピです。

長いも＆梅干しは
解毒と疲労回復の黄金コンビ

梅長いも

材料（2～3人分）
長いも…250g　梅干し…1個
かつおぶし…4g　しょうゆ…小さじ1

1 梅干しの種を取り除き、こまかくちぎる。長いもの皮をむいて、拍子木切りにする。
2 ボウルにしょうゆ、かつおぶし、梅干し、長いもを入れ、よく混ぜる。

良質たんぱくが集合

のりたまごとじ

材料（2～3人分）
たまご（L玉）…3個　焼きのり（全形）…2枚（3㎝角にちぎる）　三つ葉（3㎝幅に切る）…3本　かつおぶし…4g　水…200㎖　しょうゆ…大さじ1　塩…ひとつまみ

1 小鍋に、分量の水とのりを入れて火にかける。かつおぶし、しょうゆ、塩を加えて煮立ったら、たまごを溶き入れて軽く混ぜながら中火で2分煮る。
2 火を止め、うつわに盛り、三つ葉をのせる。

半端に残ったれんこんで
ササッと一品

れんこんきんぴら

材料（2～3人分）
れんこん（半月切り）…250g
白すりごま…大さじ1　みりん…大さじ2
しょうゆ…大さじ1　ごま油…小さじ2

1 フライパンにごま油を入れ、強火でれんこんを炒める。
2 みりん、しょうゆ、白すりごまを加え、強火で水分を飛ばすように炒める。焦げてきたら火を弱め、汁けがなくなる手前で火を止める。

香る副菜で心が安定
柑橘類はなんでもOKです

すだちしいたけ

材料(4人分)
しいたけ…4個　すだち…1個
塩…2つまみ

1 しいたけの石づきをとり、縦に4等分程度に割く。すだちを半分に切る。
2 フライパンにしいたけを入れ、強火で全面焼く。塩を振って全体をなじませる。網焼きやオーブントースターでもOK。
3 うつわに盛り、すだちをしぼる。皮の香りがよいので、しぼったあとのすだちも盛る。

こんにゃくで
腸内の大そうじ

しょうがみそこんにゃく

材料(2~3人分)
こんにゃく…1枚　しょうが…1片　水…50mℓ　みりん…大さじ1　みそ…大さじ1

1 洗ったこんにゃくに隠し包丁(2mm幅で深さ3mm程度格子状の切り込み)を入れる。横半分に切り1cm幅に切る。しょうがは千切りにする。みりんとみそを混ぜておく。
2 フライパンに、油を引かずこんにゃくを入れて水分を飛ばし、しょうが、みりん、みそと分量の水を加えて絡ませながら中火で炒める。

菜の花やかぶ、
白菜も合います

アンチョビキャベツ

材料(4人分)
キャベツ(3cm角)…1/2個　アンチョビペースト…小さじ1　ニンニク…1片　赤とうがらし(種をとる)…1/2本　オリーブオイル…大さじ1　水…50mℓ　塩…ひとつまみ

1 ニンニクを半分に切ってつぶし、オリーブオイルで炒め、香りを出す。
2 アンチョビペーストを加えて油になじませ、赤とうがらしとキャベツを入れて全体を混ぜる。
3 分量の水と塩を入れ、フタをして強火で3分煮る。フタを開け、水分が半分になるまで強火で炒める。

コラム③

「食べたい発作」を助けるおやつ

グルテンと白砂糖には常習性があります。麻薬と同じ作用とも言われていて、日常的に食べている人が急にやめると、「食べたくてたまらない！」という禁断症状に悩まされることもあるようです。

あらかじめ「体にいいおやつ」を用意しておくと、禁断症状を乗り越えられます。

おすすめは季節の果物。特に柑橘類はリフレッシュ効果があり、腸に水分を送ってくれます。私も「パンが食べたい！」となったとき、みかんをゆっくり食べると食欲がすっと落ち着きました。

そのほか、するめ、干しいも、焼きいも、ナッツ類、マヌカハニー、しらすやじゃこなど、栄養があって発作をおさえるおやつを買い置きしておくとよいでしょう。

4章

粉もの

小麦粉の代わりに米粉を使ったレシピをご紹介します。
米粉はふんわり軽く、食べ疲れません。
「食べたあと体が重くならない粉もの料理」を
ぜひ体験いただきたいです。

グルテンフリー生活でも
おいしいパンが食べたい

グルテンフリーで体調が回復した経験を生かし、２０１５年にケータリング料理の仕事を始めました。フレンチをベースに、グルテン・カゼインフリーで、地元の無農薬野菜をたっぷり使ったメニューを考えました。

この章でご紹介する粉もののレシピは、ケータリングを始めた頃からの研究のたまもの、本邦初公開のものばかり。１０８ページの米粉のフォカッチャは、特に大切なオリジナルレシピで、パンが食べたいときに簡単に作れて応用もききます。

１０６ページのたこ焼きは、愛媛に住む91歳の友人のお祖母さまにリクエストいただいたものです。前著『新しい体を作る料理』を読んでくださり、いっしょにお料理させてもらう機会を得ました。

91歳の大先輩なのに、私を先生と呼んでくれて、「先生、お願いがあります。たこ焼きを作ったことがないので、レシピを教えてくれませんか？」と。

これはもう、ちゃんとレシピを考えないと！　と、腕まくりして試作を重ねました（2週間、毎日たこ焼きを食べすぎて太りました・涙）。手間がかからず、カリッ＆とろりのレシピができあがったと思いますが、いかがでしょうか？

米粉はふたつの特徴さえわかっていれば、とても扱いやすい食材です。

・グルテンがないので粘りが出ない。ダマになりにくい。

・水分調整がデリケート。ちょっとした差でかたくなったり、食感が悪くなったりする。

料理ができあがったあとも、水分が飛ばないように気をつけましょう。あたため直すときは、水分を足して電子レンジやせいろで蒸すとおいしさをキープできます。

揚げ物はカリっと仕上がりますし、何より食感が軽くて食べ疲れない。胃もたれしにくい粉ものは、うれしいですよね。

粒子がこまかい薄力粉タイプはお菓子向き、強力粉タイプはフォカッチャや餃子の皮などの生地に向いています。いろいろ試して、好みの食感のものを見つけてみてください。

発見！もずくの新しい食べ方

年に一度、奄美大島からもずくを送ってもらっています。
スープやかき揚げなど、どう調理してもとびきりのおいしさ。
今回チヂミを試してみたらハマりました！

材料（1枚分）

もずく…100g
（味のついてないものを選ぶ）

長ねぎ…1本

A
- 米粉…50g
- たまご（L玉）…1個
- 水…大さじ2

ごま油…大さじ1

B
- しょうゆ…小さじ2
- 米酢…大さじ1
- からし…小さじ$\frac{1}{3}$

1 長ねぎをななめ薄切りにする。もずくを3cm程度に切る。Bの調味料を小皿に用意する。

2 ボウルにAを入れよく混ぜたら、もずくと長ねぎを加えてさらに混ぜる。

3 あたためたフライパンにごま油（半量）を入れて2の生地を流し入れ、中火で3分焼く。

4 裏返して、残りのごま油をふちから回しかけ、中火で3分焼く。（写真a）

a

裏返してごま油をふちから回しかけます。

もずくチヂミ

Memo

多めの油でカリッと焼くのがポイントです。もずくは腸を整え便秘を改善してくれますし、貧血予防の働きもあります。

にんじん嫌いの子も箸が止まらない感動の甘さ！

にんじんの甘味をグッと引き立てるように、塩のみの味つけにしています。にんじんのビタミンは油と相性がよいので、チヂミはぴったりのメニューです。

材料（小4枚分）

にんじん…1/3本
玉ねぎ…1/4個
米粉…40g
水…50mℓ
オリーブオイル…大さじ1
塩…小さじ1/2

1 にんじんは皮つきで細切りにする（葉つきのにんじんは、葉30g程度も入れる）。玉ねぎは5㎜幅の薄切りにする。
2 ボウルに玉ねぎとにんじん、米粉を振り入れてなじませる。（写真a） 水を回しかけて、軽く混ぜながらなじませていく。
3 あたためたフライパンに、オリーブオイル（半量）を入れ、4等分にした生地を入れる。弱火で7分焼く。
4 裏返して残りのオリーブオイルをふちから回しかけ、3分焼く。うつわに盛り、塩を添える。

a

具材と米粉を先になじませます。食材の余分な水分を吸収し、生地と具なじみがよくなります。

にんじんの塩味チヂミ

Memo

にんじんと油は相性がよく、ゆっくりローストするだけでもごちそうになります。にんじんが苦手な方は、農薬や化学肥料を多用したにんじんを食べてしまったのかもしれません。無農薬のにんじんは雑味がなく、清らかな甘さがあるので、おいしいにんじんに出合っていただけたらうれしいです！

米粉ならカリっと揚がる

番外編 米粉の天ぷら

失敗しやすい揚げ物は敬遠されがちですが、米粉の天ぷらはコツさえつかめばカリっと上手に仕上がります。

材料（作りやすい分量）

たまご…1個
米粉…40g
水…100ml
塩…ひとつまみ
揚げ油…適量
具材…お好みの食材（今回は、えび、鶏むね肉、なす、うど、アスパラガス、しいたけ、大葉を使いました）

1 ボウルにたまごを溶き、塩と分量の水を入れて混ぜる。
2 米粉を入れ、さっくりと混ぜる。
3 具材に米粉（分量外）を振り、2の衣にくぐらせ、揚げていく。具材を入れると油の温度が下がるため、スタートは185度にして、途中は180度になるよう調整する。

＊そのままでも、塩をつけてもおいしいです。

コツ1：1回に揚げる個数を少なくする。
コツ2：油に入れたらしばらく放置。衣が固まったら、裏返す。

Memo

小麦粉で作る天ぷらより少し高温(180度)で揚げたほうが食感がカリッとします。
冷めてもオーブントースターで再加熱するとカリッと感が戻ります。

とろーりカリっ！ だしが香るたこ焼き

幼少時を大阪で過ごしたので、だし文化が身近にありました。このたこ焼きもだしをしっかり効かせてあり、ソースなしでおいしい味です。

材料（24個分）

ゆでだこ…100g

A
- 米粉…100g
- たまご…2個
- しょうゆ…大さじ1
- 塩…3つまみ

水…500mℓ

B
- 小ねぎ（こまかく刻む）…1/3束
- しょうが（粗みじん切り）…1/2片（あれば新しょうががおすすめ）
- 乾燥さくらエビ…10g
- かつおぶし…6g（手でもんでこまかくする）

オリーブオイル…適量

青のり（お好みで）…適量

好みで、青のりを振りましょう。
すだちや塩を添えても合います。

1 たこを24個に切り分ける。

2 Aをボウルに入れ、よく混ぜたら、分量の水を少しずつ入れて伸ばしていく。

3 Bを入れ、さっと混ぜる。

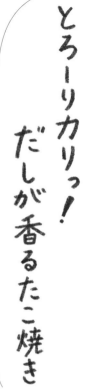

米粉たこやき

4
プレート(強火)にオリーブオイルをなじませ、**3**の生地を流し入れる。

5
ゆでだこをのせていく。

6
ふちが固まりだしたら、はみ出した生地も入れ込みながら裏返していく(強火)。つなぎ目が下になるように回し、反対側も焼いて皿に盛る。

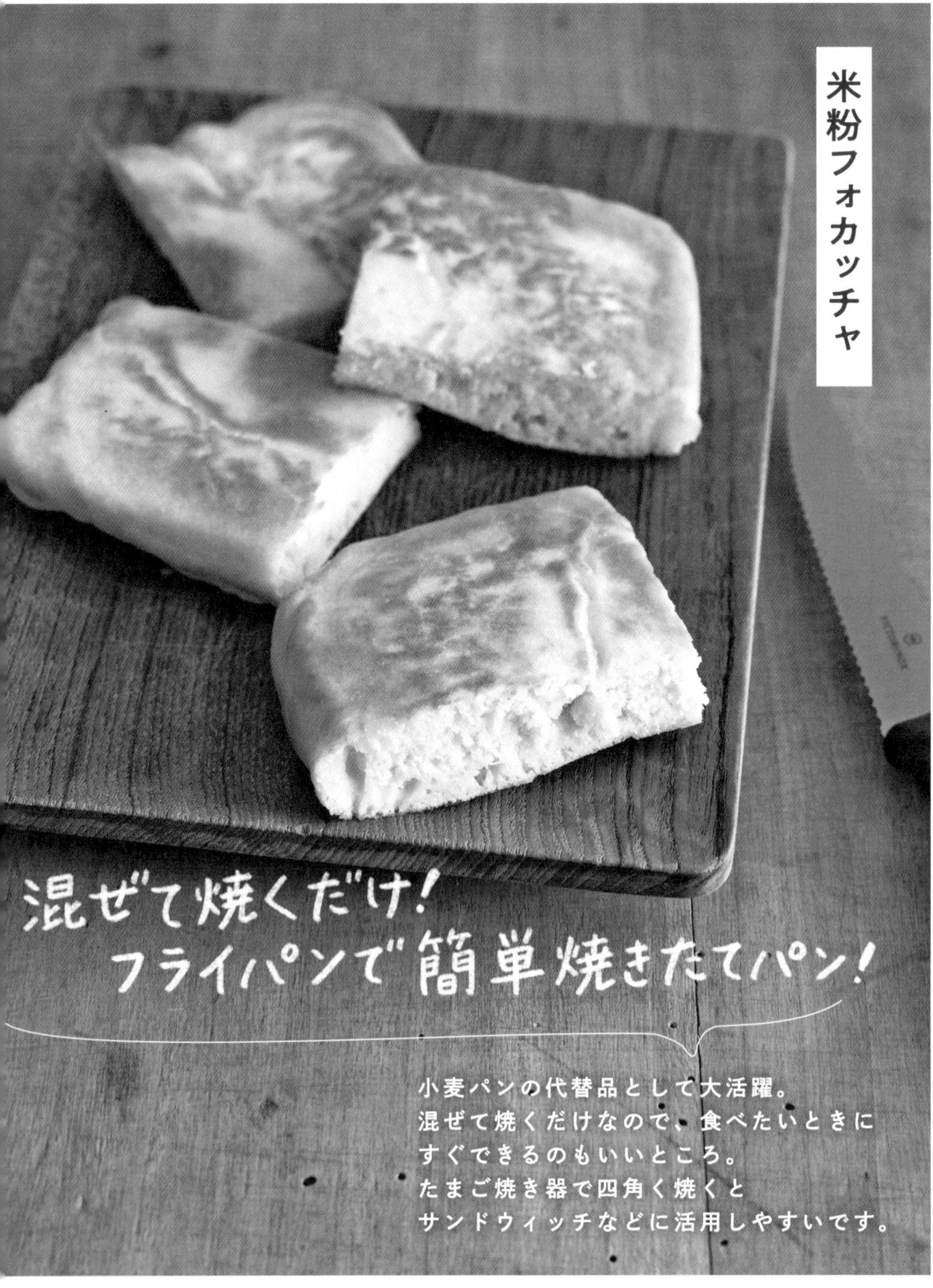

米粉フォカッチャ

混ぜて焼くだけ！ フライパンで簡単焼きたてパン！

小麦パンの代替品として大活躍。
混ぜて焼くだけなので、食べたいときに
すぐできるのもいいところ。
たまご焼き器で四角く焼くと
サンドウィッチなどに活用しやすいです。

材料（1枚分）

A
- 米粉…100g
- 片栗粉…20g
- てんさい糖…大さじ1
- 塩…小さじ1/2
- ベーキングパウダー（アルミフリー）…小さじ1

B
- たまご（L玉）…1個
- 豆乳（牛乳でも可）…60㎖
- オリーブオイル…大さじ1/2

焼き油（オリーブオイル、太白ごま油など）…適量

＊たまごの大きさで水分量が変わりますので、豆乳とあわせて110㎖になるよう計量しましょう。（写真a）

a

＊塩気の強い具をはさむときは、塩の量を減らしてください。

＊日持ちは2日程度。水分が飛ぶと固くなるのでできるだけその日中に食べきってください。保存する場合はビニール袋に入れて冷蔵庫へ。

【ちょっとアレンジ】

乾燥ハーブ（タイム、オレガノ、セージ、バジル、ローズマリーなど）があれば、ひとつまみ入れてみましょう。風味が増して洋風な仕上がりになります。

1 ボウルにAを混ぜる。

2 Bを入れ全体がなめらかになるまで混ぜる。

3 あたためたたまご焼き器に、油を引き、生地を流し入れる。

4 弱火で4分ほど焼いて、表面が乾いたら裏返して3分焼く。

＊今回はたまご焼き器で焼きましたが、ふつうのフライパンで丸く焼いても◎

米粉フォカッチャ応用①

たまごサンド

粗めにつぶしたたまごとマスタードが好相性。お弁当におすすめ。

材料（1人分）

米粉フォカッチャ…1/2枚（108ページ1枚分の半分）
たまご…1個
マヨネーズ（オリーブオイルでも可）…大さじ2
粒マスタード…大さじ1
塩…ひとつまみ
黒こしょう…少々

1 鍋にたまごが浸る程度の水を入れて火にかける。沸騰したらたまごを入れて9分ゆで、氷水にとってから、殻をむく。
2 ボウルに1、塩、マスタードを入れて、好みの大きさにつぶす。マヨネーズと黒こしょうを加えて混ぜる。
3 半分の厚さに切ったフォカッチャに2をはさんでなじませ、食べやすい大きさに切る。

ベーカリー
シュン！って消えちゃうほどパンがふわふわしっとりしてた！

高校の通学途中によく食べていたたまごサンドが忘れられません。

米粉フォカッチャ応用②

きゅうりサンド

野菜をモリモリ
食べたいときに!

材料（1人分）

米粉フォカッチャ…1/2枚（108ページ1枚分の半分）
きゅうり…1/2本
粒マスタード…大さじ1
マヨネーズ（オリーブオイルでも可）…小さじ1
塩…ひとつまみ

1 きゅうりをフォカッチャの幅にあわせて厚めに切る。
2 フォカッチャを半分の厚さに切り、内側にマヨネーズとマスタードを塗る。
3 フォカッチャにきゅうりを並べ、塩を振る。もう1枚のフォカッチャではさんでなじませ、食べやすい大きさに切る。

きゅうりは厚めに切って
ボリボリと食べましょう
ボリボリ

きゅうり農家さんのみずみずしいきゅうりをサンドして食べたらおいしいこと！

トマトの厚切りをはさんでもおいしいです。
トマトのときはマヨネーズを多めにぬったり、
サニーレタスをはさんで水分の浸透を防いで。

コラム④

メモをつけてみましょう

グルテンフリー生活を始めて、まず最初に起こった変化は便秘が治ったことです。次の変化は脳。頭がすっきり冴えてきて、判断力や集中力が上がり、仕事の進みが速くなりました。

心（情緒）と体（肌荒れ、肩こり、腰痛）は、ゆっくり改善していき、すべての症状が消えたのは、1年くらい経ったころだと思います。

この回復の順番は人によって違うようです。白砂糖をやめた知人は、まず情緒が安定してキレにくくなり、肌のかゆみが落ち着いたと言っていました。

体質や体調は本当に人それぞれ違うので、食べたものと体調をメモしておくことをおすすめします。

万人に効く万能な食品というものはありません。「今の自分にとって最適な養生食」を見つけることが大切なので、まずは自分の体と食べ物の関係を知ることから始めましょう。

5章

おまけのおやつ

小麦粉や白砂糖を使わないおやつのレシピです。
ストイックになりがちなグルテンフリー生活だからこそ、
時々気持ちをゆるめておやつを食べることが
案外だいじです。

おやつは心の栄養補給

仕事や勉強に集中したあと、ふっと心をゆるめてフルーツを食べたり。
「はじめまして」の方との打ち合わせで、おやつがあると早く打ち解けられたり。
張り詰めた雰囲気の撮影現場で、休憩中の甘いものが次の撮影の力となったり。
私にとっておやつは、気持ちに作用するものです。

もともと食事をしっかりとるので、毎日おやつを食べる習慣はありません。ですからグルテンフリー生活で、お菓子が食べたくてたまらない！　ということはそれほどないのですが、例外は夏場のアイスクリーム。がまんせずに「あまーい、つめたーい」と時々おいしくいただいています。

ひと皿ごはんのおまけとして、この章ではおやつレシピを紹介します。

小麦粉と白砂糖を使わない簡単なおやつなので、ぜひ気軽に作ってみてください。グルテンフリー生活を「長くゆるく」続けていくために、このおやつがみなさんの心の休憩所になるとうれしいです。

おやつの思い出

幼いころ、姉とのあいだで流行ったロイヤルミルクティー。冬、お気に入りのカフェボウルでホカホカしていました。

今回も集中してレシピを書いたあと、米粉プリン(122ページ)にいちごをのせて食べました。

お店で買うのは、マカロン、米粉カヌレ、高級チョコレート。ひと月に一度くらい、お休みの日にのんびり心の栄養補給をします。このときばかりは白砂糖もあまり気にせず。食べ過ぎるとやっぱりだるくなるので、ほんのひと口。

朝食にもぴったり！香ばしいホットケーキ

きなこを入れることで生地がしっとり安定します。植物性のたんぱく質もとれて一石二鳥。

材料（1枚分）

A
- 米粉…75g（粒子のこまかいタイプがおすすめ）
- きなこ…20g
- てんさい糖…大さじ1
- ベーキングパウダー（アルミフリー）…小さじ1
- 塩…ひとつまみ

たまご（L玉）…1個
豆乳（牛乳でも可）…75mℓ

＊たまごの大きさで水分量が変わりますので、豆乳とあわせて125mℓになるよう計量しましょう。（写真a）

a

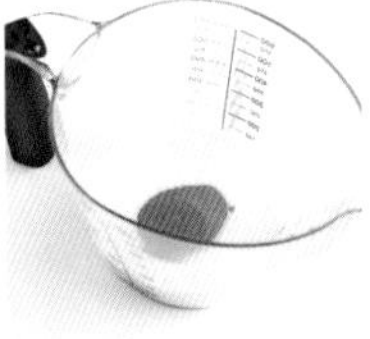

1 ボウルにAを入れ、泡立て器でよく混ぜる。
2 中心にくぼみを作り、たまごと豆乳（半量）を入れ全体がなめらかになるようによく混ぜる。
3 残りの豆乳を加え、なじませる。
4 フライパンをあたため、3を流し入れて弱火で5分焼く。
5 裏返して、弱火で3分焼く。

＊テフロン加工のフライパンで油を引かずに焼くと、つるつるの表面に仕上がります。焦げやすいフライパンは、油を引いてから焼きましょう。

どら焼きにするときは
はちみつ大さじ1を追加。
4枚焼けるので
2個のどら焼きが
できるよ〜

アレンジその1／どら焼き

アレンジその2／抹茶ホットケーキ
抹茶の粉末小さじ1を足します。

米粉ときなこのホットケーキ

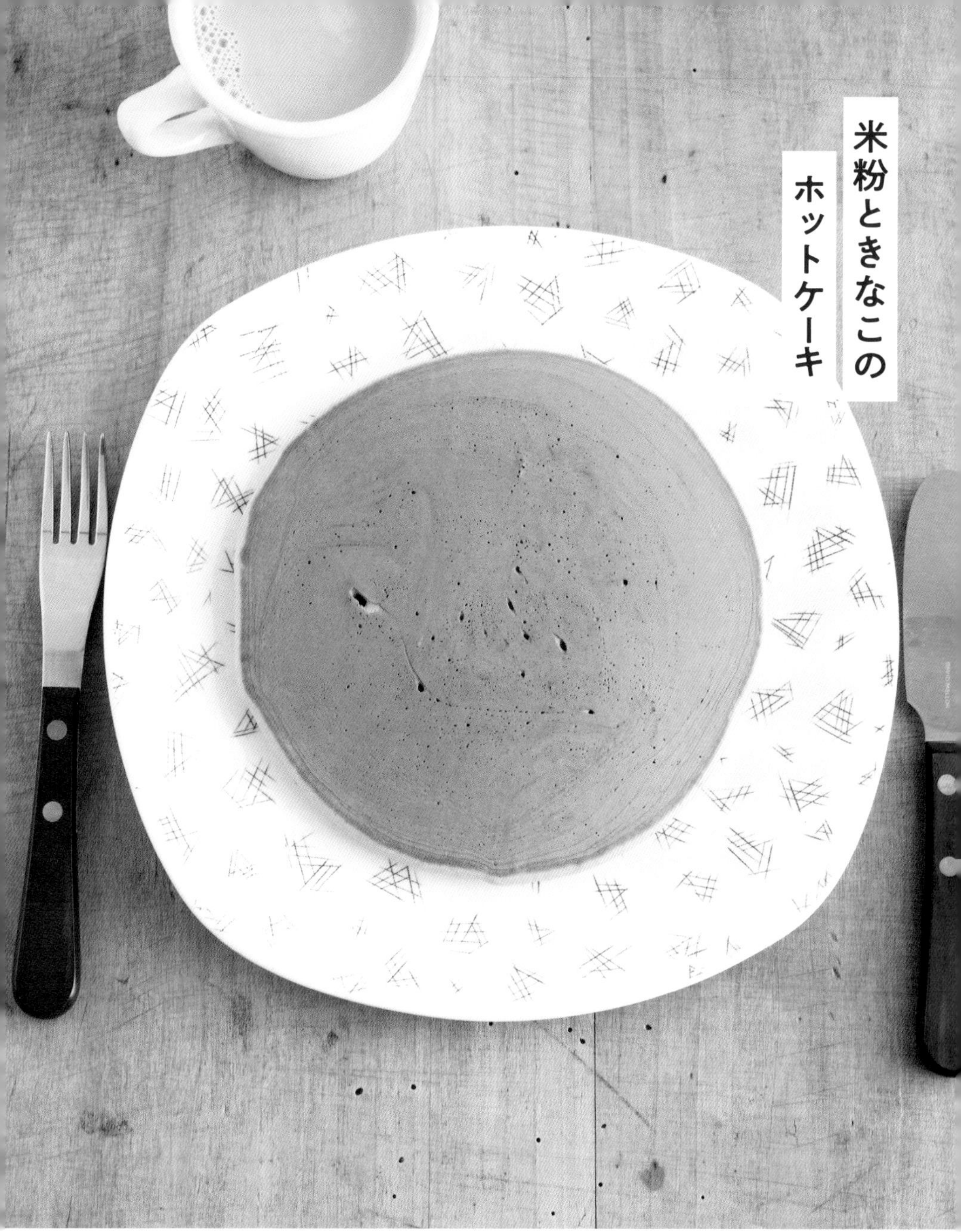

米粉は無色透明なイメージなので、きなこや抹茶など
ナチュラルなフレーバーを入れて使うことが多いです。

もちもち食感！旬のフルーツとどうぞ

娘が小学生のときによく作っていたおやつです。みかん、柿、いちじく、グレープフルーツ、ぶどうなど、どんなフルーツとも合います。

材料（26㎝のフライパン4枚分）

A
- 米粉…40g
- てんさい糖…大さじ1
- たまご（L玉）…1個
- 塩…ひとつまみ

豆乳（牛乳でも可）…200㎖

［りんご煮］
りんご…1個
てんさい糖…大さじ1
塩…ひとつまみ
シナモン（お好みで）…少々

1 りんごの芯を取り除き、ひと口大に切る。
2 小鍋にりんご、てんさい糖、塩、シナモンを入れ、混ぜながら強火で3分程度煮る。
3 ボウルに、Aを入れよく混ぜる。
4 豆乳を半分入れてよく混ぜる。さらに残りを加えて混ぜる。
5 あたためたフライパンに4の生地1/4を回し広げ、表面が乾くまで中火で焼く。
6 ふちからはがして生地を裏返し、1分焼く。同じように4枚焼く。
7 うつわにクレープを盛り、りんご煮を添える。

＊テフロン加工のフライパンで油を引かずに焼きます。焦げやすい場合は、キッチンペーパーにオリーブオイルを含ませ、フライパンに薄く塗りましょう。

バター＆シナモンでシンプルに味わうのもおすすめ。疲れているときはバター（動物性乳製品）を避けたほうがいいので、豆乳ヨーグルトなどで代用しましょう。

りんごのクレープ

122ページの米粉プリンを混ぜてトロトロにして、
クレープにかけてもおいしいですよ。

餃子風パオ

1
肉餡を作る。ニラをこまかく切る。ボウルに豚ひき肉、塩、しょうゆを入れてよく練る。たまごと片栗粉を加えさらに練る。最後におろししょうが、ニラ、もやしを手で少しつぶしながら入れて混ぜる。

2
別のボウルに**A**を混ぜ、熱湯を注ぐ。ヘラでこねてまとまってきたら**B**を加え手でこねる。熱さに注意。

3
2を4等分にして丸める。乾く前に手早く作業（乾燥してひび割れしたら、手に水をつけてなでる）。

包んで焼くだけ 子どもに人気のおいしい点心

料理教室の子どもたちが楽しく作ってくれたメニューを、より簡単にアレンジしました。餡のうま味を生地が吸い、ジューシーな味わいです。

材料（大4個分）

［生地］

A
- 米粉…200g
- 片栗粉…40g
- てんさい糖…小さじ2
- 塩…小さじ1/2

熱湯…200㎖

B
- 太白ごま油…大さじ1
- ベーキングパウダー（アルミフリー）…小さじ2

［肉餡］

豚ひき肉…160g
もやし…1/3パック
ニラ…1/3束
たまご（L玉）…1個
しょうが（すりおろす）…大さじ1
片栗粉…大さじ1
しょうゆ…大さじ1
塩…2つまみ

ごま油…大さじ2
水…大さじ2

＊肉餡に、無添加オイスターソースを入れてコクをプラスするのもおすすめ。

4
生地を円形に伸ばし、中心に肉餡をのせ半分に折りたたみ、ふちを結着させる。

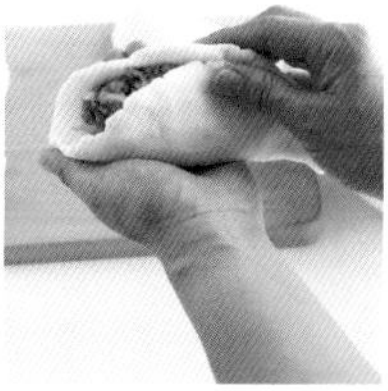

5
フライパンにごま油（半量）を引いて中火で3分焼く。裏返して、残りのごま油と水を入れ、フタをして3分焼く。

6
フタをとり、もう一度裏返して、中火で2分焼く。

とろけるパンナコッタ風プリン

ふだん「デザートなんて、ぜったい手作りしない」という人におすすめ。簡単すぎるので、ぜひ挑戦してください。

材料（作りやすい分量）

牛乳（豆乳でも可）…300mℓ
米粉…20g
てんさい糖…40g

1 鍋に米粉とてんさい糖、牛乳を入れ、よく混ぜる。
2 中火にかけ、ゴムベラで鍋底をなぞるように混ぜ続け、煮立たせる。（写真a）
3 弱火にして1分混ぜ続け、火を止める。
4 器に流し入れて粗熱をとり、冷蔵庫で冷やす。

a

＊日持ちは冷蔵庫で3日程度です。
＊豆乳で作るときは、沸かし過ぎによる分離に気をつけてください。

［黒蜜ソース］

黒糖…大さじ1
水…大さじ1

小鍋に黒糖と水を入れ、煮立ったら火を止める。（写真b）

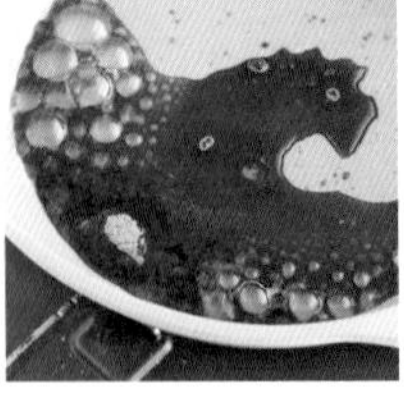
b

米粉プリン

Memo

季節のフルーツをのせると、かわいいデザートになります。

ノンシュガーなのに大満足スイーツ

前著『新しい体を作る料理』で「甘いものが食べたい発作を抑えるおやつ」として紹介したレシピです。
カリッ&とろーりの食感が大好評だったので再録します。

材料（2つ分）

バナナ…1本
ライスペーパー大（28㎝）（写真a）…2枚
シナモンパウダー…2振り
塩…ひとつまみ
ココナッツオイル（なければオリーブオイル）…適量（油を多めにすると揚げ焼きになってカリッと仕上がります）

a

＊64ページのブリトーにも使えます

焼きいもを具にしてもおいしかった！

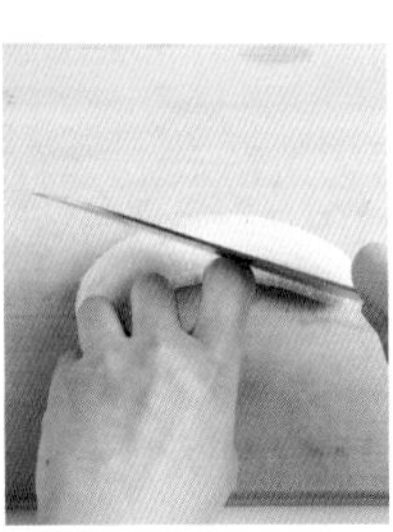

1 バナナを半分に切る。

2 作業台にアルコールスプレーをしてラップをしく。

春巻きバナナ

3

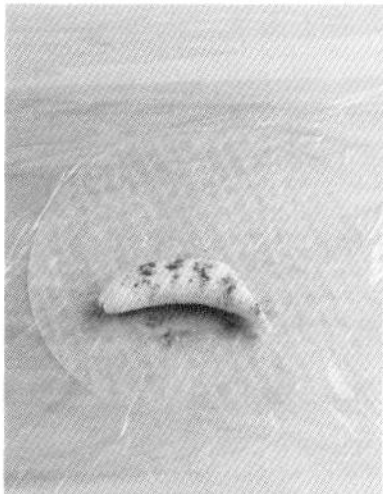

ライスペーパーを水に通してラップの上に置き、バナナ、塩、シナモンをのせる。

4

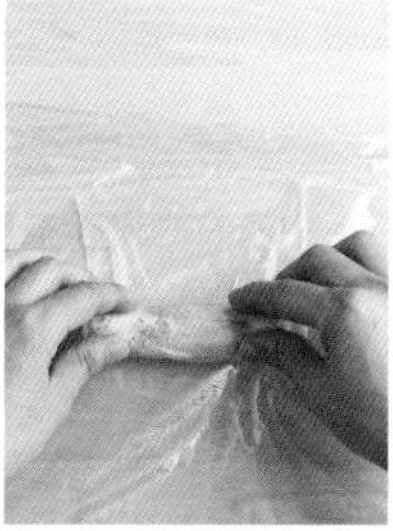

両サイドを内側に折り、手前から巻き込む。

5

熱したフライパンにココナッツオイルを入れ、春巻きのつなぎ目を下にして中火で焼く。焼き色がついたら、裏返して反対側もカリッと焼く。

おわりに

前著『新しい体を作る料理』で、不調に悩まされ、自分をコントロールできない焦りと怒りでつらかった日々について綴ったところ、読者の方からお手紙をいただきました。

大病後に療養されている女性で、体調が悪いなか「家族にやさしくありたい」と葛藤され、「元気になって働きたい」と必死で生きていらっしゃる方でした。

「苦しいのは自分だけじゃないと安堵した。この本が私にとって蜘蛛の糸でした」と書かれていました。本のレシピでスープを作ってくださり、「本当に簡単でありがたいです。体の底からあたたまりました」とも記されていました。

お手紙を読んで、涙が止まりませんでした。

しんどいときでも料理を作ってみようと思えてよかった。スープで体があたたまってよかった。苦しいのが自分だけじゃないと思えてよかった。一介の料理人である私が、本を出版する意味はここにあったんじゃないか。そんなことを考えて、胸がいっぱいになったのです。

会ったこともない読者の方と、抱き合って涙しているような、奇跡の時間でした。

つくづく、「自炊」というのは、自分を、人を、愛する行為だと思います。

ひとりでがんばりすぎて、空回りしてすり減ったときも、あたたかいごはんを食べたら、ひと息つくことができます。

「ごはんは炊いたから、汁物だけでも作ってみよう」
「罪悪感なくたっぷり食べたいから、具だくさんの鍋にしよう」
「今日は一日だらだらしよう。そうだ！　朝からホットケーキを焼いてみよう♪」

そんなふうに、気負わず、今の気分にあわせて料理してみると、一品でも心が満たされますし、そのとき食べたいものが体に必要な栄養であることが多いので、体調が整います。

どうしても動けないときは、無添加の梅干しにお湯をかけて飲んでみてください。じわ〜とあたたまり、元気が出てきます。風邪のときも同じように。

本を作るにあたり、写真、デザイン、スタイリング、イラストと、それぞれの分野のプロフェッショナルの方々に協力していただきました。プロの職人さんは、専門分野で魔法が使えることを知りました！　編集者の飛田さんが指揮者で、私たち職人がハーモニーを奏で、完成した本です。素敵なチームに混ぜていただけたことを、心より感謝申し上げます。

そして、読者の方にも最強の魔法が使えますように。

本を読んでくださったみなさんが、1年後、今よりずっと元気に、楽しく、やる気に満ちた体になって、台所でルンルンとたまごサンドを作っている姿を、強くイメージしています。

たかせさと美

グルテンフリーの ひと皿ごはん

小麦粉と白砂糖をやめると、体はみるみるラクになる

2024年7月11日　第1版第1刷発行
2024年9月24日　　　　第3刷発行

著　者　たかせさと美
発行者　樋口裕二
発行所　すみれ書房株式会社
〒151-0071　東京都渋谷区本町6-9-15
https://sumire-shobo.com/
〔お問い合わせ〕info@sumire-shobo.com
DTP　株式会社グレン
印　刷　中央精版印刷株式会社
製　本　古宮製本株式会社

ISBN 978-4-909957-41-2　c2077　Printed in Japan
NDC596　127p　20cm

本書の紙　本文：b7トラネクスト
カバー：ヴァンヌーボVG-FS／ホワイト
帯：Aプラン／ピュアホワイト
表紙：しらおい
見返し：ブンペル／ナチュラル